Expresiones en matemáticas

Volumen 2

Desarrollado por
The Children's Math Worlds Research Project

DIRECTORA DEL PROYECTO Y AUTORA
Dr. Karen C. Fuson

This material is based upon work supported by the
National Science Foundation
under Grant Numbers
ESI-9816320, REC-9806020, and RED-935373.

Any opinions, findings, and conclusions, or recommendations expressed in this material
are those of the author and do not necessarily reflect the views of the National Science Foundation.

HOUGHTON MIFFLIN HARCOURT

Revisores

Kindergarten
Patricia Stroh Sugiyama
Wilmette, Illinois

Barbara Wahle
Evanston, Illinois

Grade 1
Sandra Budson
Newton, Massachusetts

Janet Pecci
Chicago, Illinois

Megan Rees
Chicago, Illinois

Grade 2
Molly Dunn
Danvers, Massachusetts

Agnes Lesnick
Hillside, Illinois

Rita Soto
Chicago, Illinois

Grade 3
Jane Curran
Honesdale, Pennsylvania

Sandra Tucker
Chicago, Illinois

Grade 4
Sara Stoneberg Llibre
Chicago, Illinois

Sheri Roedel
Chicago, Illinois

Grade 5
Todd Atler
Chicago, Illinois

Leah Barry
Norfolk, Massachusetts

Agradecimientos
Special thanks to the many teachers, students, parents, principals, writers, researchers, and work-study students who participated in the Children's Math Worlds Research Project over the years.

Reconocimientos
(t) © G.K. Hart/Vikki Hart/Getty Images, (b) Photodisc/Getty Images

Illustrative art: Ginna Magee and Burgandy Beam/Wilkinson Studio; Eli Nicolosi, Geoff Smith, John Kurtz, Robin Boyer, Ron Mahoney, Tim Johnson
Technical art: Anthology, Inc.

ISBN: 978-0-547-38902-8

7 8 9 10   0877   19 18 17 16 15 14   4500495397

VOLUMEN 2 CONTENIDO

* Esta lección solamente consiste en actividades de la Edición del maestro.

VOLUMEN 2 CONTENIDO **iii**

UNIDAD 6 Dinero, tiempo, medidas y números

Dinero

* Esta lección solamente consiste en actividades de la Edición del maestro.

LECCIONES DE EXTENSIÓN

 En la siguiente página Dibuja tu fruta favorita 10 veces.

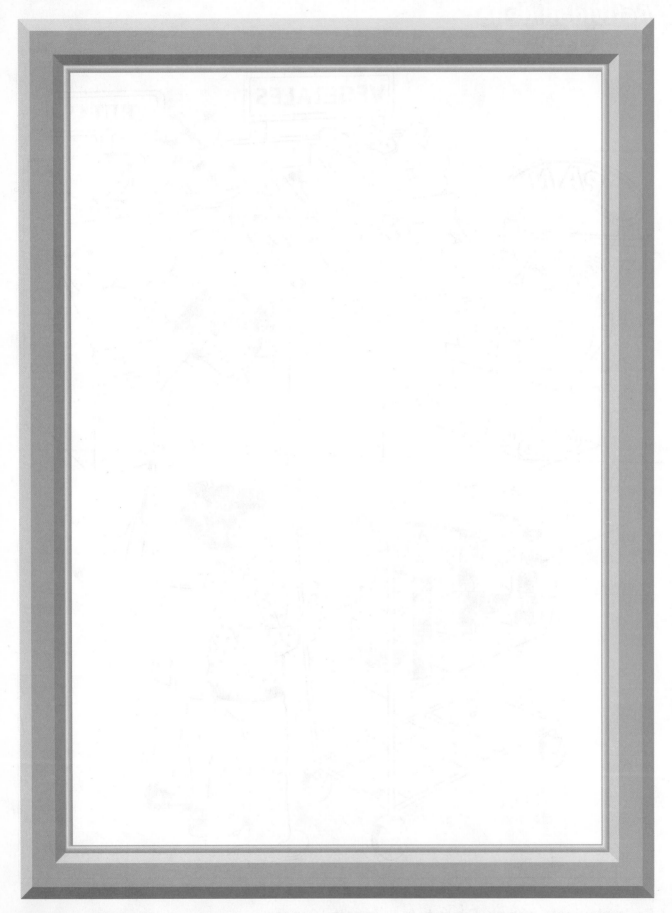

Números de 1 a 10 y problemas matemáticos: En el supermercado

Recorta por las líneas punteadas.

Recorta por las líneas punteadas.

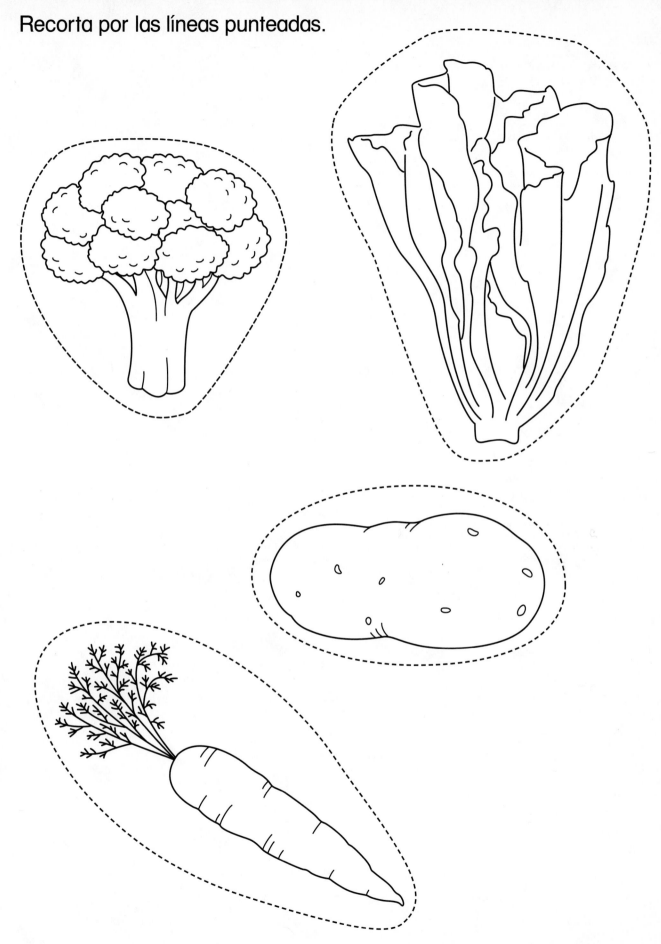

Dear Family:

Ask your child about our pretend grocery store at school! Children will be using the groceries from this pretend store to create addition and subtraction story problems, such as the following:

There are 3 bananas in this bunch and 4 bananas in the other bunch. How many bananas are there in all?

You and your child can create similar story problems with groceries in your own kitchen. When doing so, you may need to help your child say the question at the end of the story problem. Addition problems often ask how many in all. Subtraction problems often ask how many are left.

Addition example:
There are 5 cans on the top shelf. There are 4 cans on the bottom shelf. How many cans are there in all?

Subtraction example:
There are 10 eggs in the carton. If we cook 3 eggs, how many eggs are left in the carton?

It is not necessary to solve all of the story problems. Learning to visualize the situation and state the story problem are both important tasks, even without solving. Asking questions different ways is also helpful.

Have fun!

Sincerely,
Your child's teacher

Estimada familia:

¡Pregúntele a su niño por el supermercado imaginario que tenemos en la escuela! Los niños van a usar los comestibles de este supermercado para crear problemas de suma y resta, como los siguientes:

Hay 3 plátanos en este racimo y 4 plátanos en el otro. ¿Cuántos plátanos hay en total?

Usted y su niño pueden crear problemas parecidos con los comestibles que tengan en su cocina. Al hacerlo, tal vez tenga que ayudar a su niño a formular la pregunta del final del problema. Los problemas de suma suelen preguntar cuántos hay en total. Los problemas de resta suelen preguntar cuántos quedan.

Ejemplo de suma:
Hay 5 latas en el estante superior. Hay 4 latas en el estante inferior. ¿Cuántas latas hay en total?

Ejemplo de resta:
Hay 10 huevos en la caja. Si usamos 3 huevos, ¿cuántos huevos quedan en la caja?

No es necesario resolver todos los problemas. Aprender a visualizar la situación y a formular el problema son destrezas importantes, aun si los problemas no se resuelven. Formular preguntas de distintas maneras también es de mucha ayuda.

¡Que se diviertan!

Atentamente,
El maestro de su niño

Números de 1 a 10 y problemas matemáticos: En el supermercado

Actividad de la clase

Traza una línea para mostrar las **partes** . Luego escribe las partes.

10 = ☐ + ☐

10 = ☐ + ☐

10 = ☐ + ☐

10 = ☐ + ☐

10 = ☐ + ☐

10 = ☐ + ☐

10 = ☐ + ☐

10 = ☐ + ☐

10 = ☐ + ☐

➡ **En la siguiente página** Muestra y escribe las partes de 10 otra vez. Comienza con 9 + 1.

 $10 = $ ☐ $+$ ☐

 $10 = $ ☐ $+$ ☐

 $10 = $ ☐ $+$ ☐

 $10 = $ ☐ $+$ ☐

 $10 = $ ☐ $+$ ☐

 $10 = $ ☐ $+$ ☐

 $10 = $ ☐ $+$ ☐

 $10 = $ ☐ $+$ ☐

 $10 = $ ☐ $+$ ☐

Hallar partes de 10

Actividad de la clase

Nombre

Grupo A

$11 = 10 + 1$	$12 = 10 + 2$	$13 = 10 + 3$	$14 = 10 + 4$	$15 = 10 + 5$
$16 = 10 + 6$	$17 = 10 + 7$	$18 = 10 + 8$	$19 = 10 + 9$	$20 = 10 + 10$

Grupo B

$10 + 1 = 11$	$10 + 2 = 12$	$10 + 3 = 13$	$10 + 4 = 14$	$10 + 5 = 15$
$10 + 6 = 16$	$10 + 7 = 17$	$10 + 8 = 18$	$10 + 9 = 19$	$10 + 10 = 20$

Un paso más

Nombre _____

Escribe los números de 1 a 100 en columnas verticales.

1	11	21							
2									
10									100

Un paso más

Escribe los números de 1 a 100 en hileras horizontales.

1	2								10
11									
21									
									100

Números de 11 a 19 y ecuaciones

Actividad de la clase

Sigue el patrón.

| ♡ | ◇ | ◇ | ♡ | ◇ | ◇ | | | | | | | | |

| 9 | 9 | 2 | 9 | 9 | 2 | | | | | | | | |

| ▭ | ▭ | ◺ | ▭ | ▭ | ◺ | | | | | | | | |

| + | + | − | − | + | + | − | − | | | | | | |

| ○ | ◺ | ▭ | ○ | ◺ | ▭ | | | | | | | | |

| 3 | 6 | 9 | 3 | 6 | 9 | | | | | | | | |

| ▽ | ▽ | ○ | ○ | ▽ | ▽ | ○ | ○ | | | | | | |

Dibuja tus propios patrones.

| | | | | | | | | | | | | | |

| | | | | | | | | | | | | | |

⬤ **En la siguiente página** Dibuja tus propios patrones.

Problemas de suma y resta: En el supermercado

Family Letter

Dear Family:

Throughout the year, your child will be learning how to "break apart" numbers. For example, 6 = 5 and 1, 4 and 2, and 3 and 3. We call two numbers that add to a number the *partners* of the number.

To strengthen your child's understanding of these concepts, you can play *The Partner Game* with him or her. The game is played as follows:

Put out 5 objects such as buttons or crackers. Count them together. Have your child cover his or her eyes while you take a partner away. Ask your child to tell the missing amount. Now it is your turn to close your eyes!

You can play this game again and again, starting with a different total each time. Start with 5 first (because it is easiest), and then move on to 6, 7, 8, 9, and 10.

Thank you!

Sincerely,
Your child's teacher

Estimada familia:

Durante todo el año su niño aprenderá a "separar" números en partes. Por ejemplo, 6 = 5 y 1, 4 y 2, y 3 y 3. A dos números que sumados dan como resultado otro número los llamamos *partes* del número.

Para reforzar la comprensión de estos conceptos, puede jugar con su niño el *Juego de las partes* de un número. Se juega de esta manera:

Coloque en algún lugar 5 objetos, como botones o galletas. Cuéntenlos juntos. Pídale a su niño que se tape los ojos mientras Ud. quita una parte. Pida a su niño que diga la cantidad que falta. ¡Ahora es su turno de cerrar los ojos!

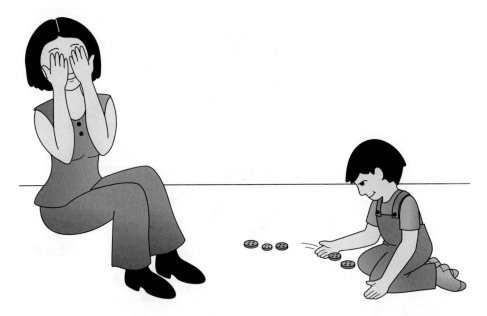

Jueguen varias veces, siempre empezando con un total diferente. Empiecen con 5 (por ser el más fácil) y sigan con 6, 7, 8, 9 y 10.

¡Gracias!

Atentamente,
El maestro de su niño

Practicar con los números de 11 a 19 y sus partes

Actividad de la clase

Cuadrícula de patrones A

1.

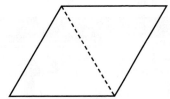 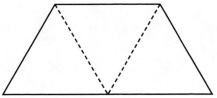 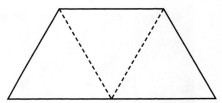

2.

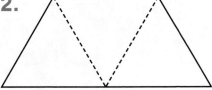 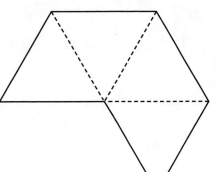 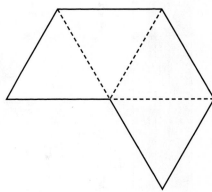

3.

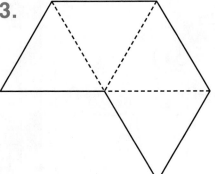 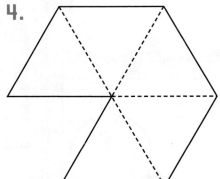 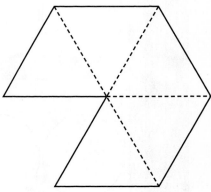

4.

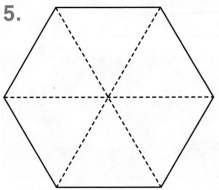 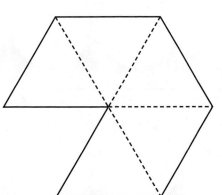 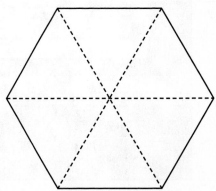

5.

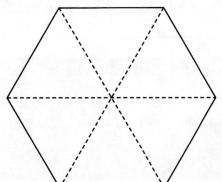

Un paso más

Nombre _____

Vocabulario

patrón

Colorea los cuadrados haciendo un **patrón**. Luego colorea los círculos haciendo un patrón.

Patrones con figuras y patrones que se repiten

Actividad de la clase

Nombre _____

Vocabulario
adicional
más
menos

Cuenta y escribe cuántos hay. Traza líneas para emparejar. Encierra en un círculo las cosas **adicionales** . Escribe M para **más** y Me para **menos** .

❄ ❄ ❄ (❄ ❄)	5	M
❄ ❄ ❄	3	Me

✏ ✏ ✏	☐	___
✏ ✏ ✏ ✏ ✏ ✏ ✏ ✏ ✏	☐	___

☘ ☘ ☘ ☘	☐	___
☘ ☘	☐	___

🍌 🍌 🍌 🍌 🍌 🍌	☐	___
🍌 🍌 🍌	☐	___

⛸ ⛸ ⛸	☐	___
⛸ ⛸ ⛸ ⛸ ⛸	☐	___

VEGETALES

$$\boxed{} + \boxed{} = \boxed{}$$

Contar, emparejar y comparar usando dibujos de matemáticas

Actividad de la clase

Nombre _____

Cuadrícula de patrones B

1.

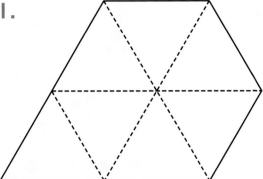
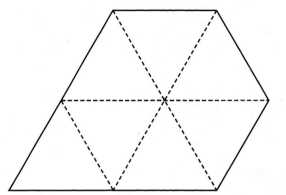

2.

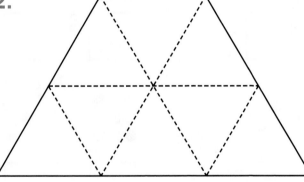
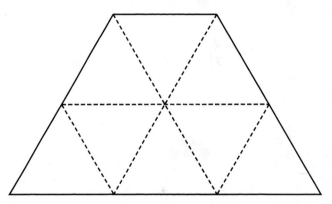

3.

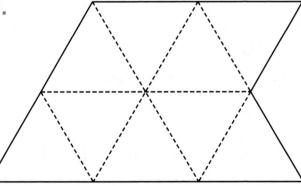
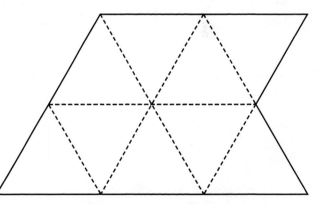

4.

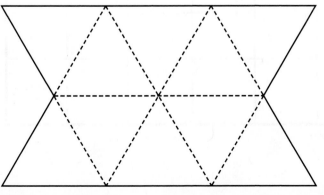
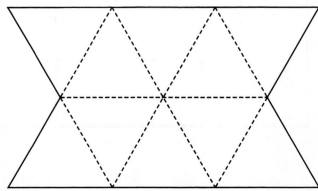

Nombre

Actividad de la clase

Cuenta y escribe cuántos hay. Encierra en un círculo el que tiene **menos**.

  | 3 | ⬭2⬭ | | □ □ | | □ □

   | □ □ | | □ □ |  | □ □

  | □ □ | | □ □ | | □ □

  | □ □ | | □ □ | | □ □

  | □ □ |  | □ □

   | □ □ | | □ □ | | □ □

   | □ □ |  | □ □

Escribe los números de 11 a 30.

11								

Más patrones con figuras

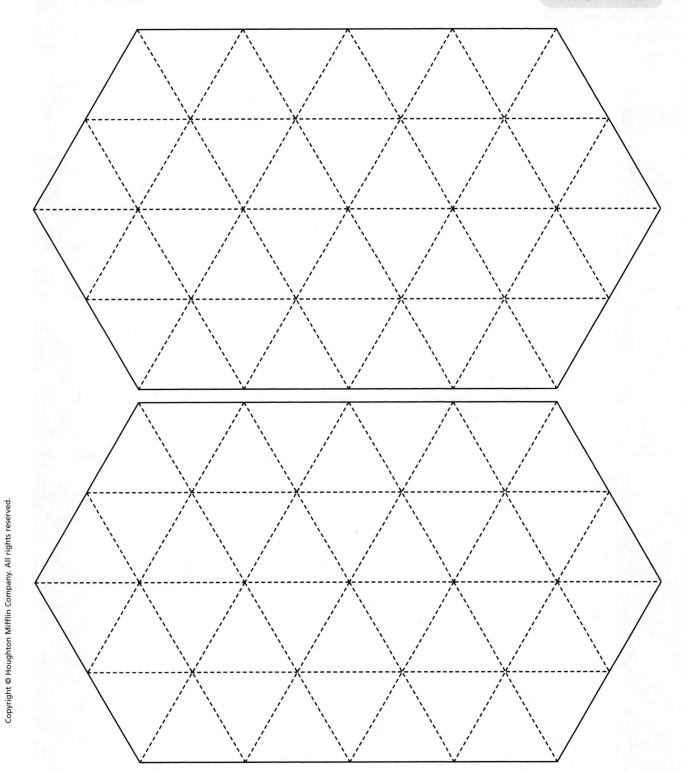

 En la siguiente página Dibuja un **rombo**. Divide tu rombo en 2 **triángulos**.

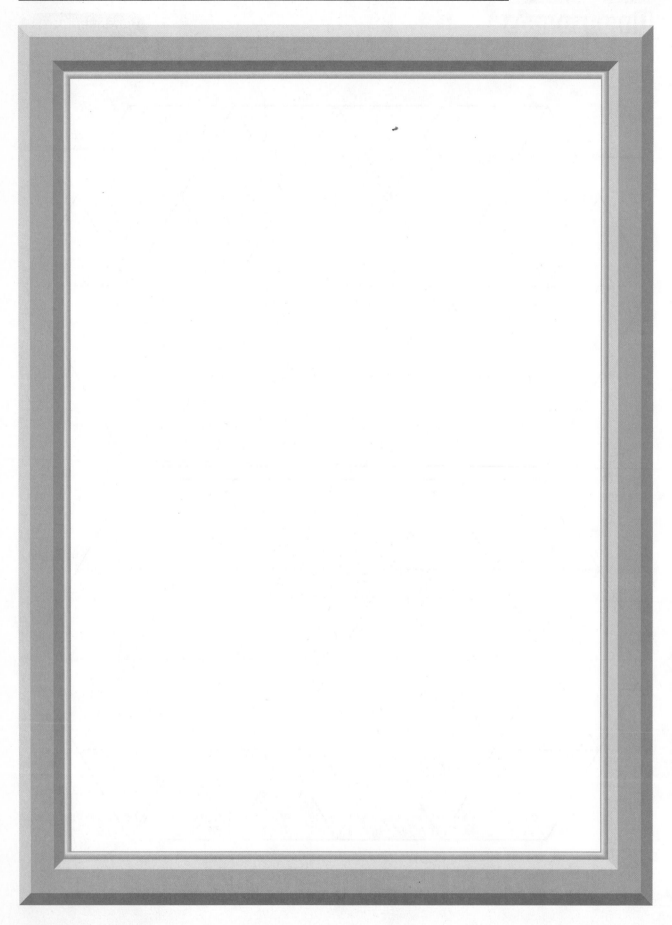

Más patrones con figuras

Actividad de la clase

Nombre _ANKna_

Vocabulario

parte

Traza una línea para mostrar las **partes**. Escribe las partes.

10 = ⬜7 + ⬜3

10 = ⬜5 + ⬜5

10 = ⬜8 + ⬜2

10 = ⬜7 + ⬜3

10 = ⬜1 + ⬜9

10 = ⬜ + ⬜

10 = ⬜ + ⬜

10 = ⬜ + ⬜

10 = ⬜ + ⬜

Nombre

Actividad de la clase

Dibuja bolitas en las montañas matemáticas.

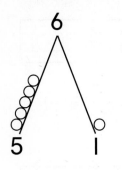 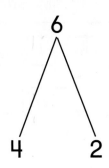 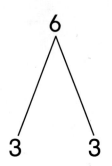 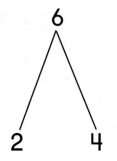 

6   6   6   6   6

5   1   4   2   3   3   2   4   1   5

 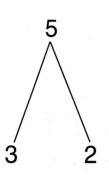 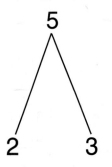 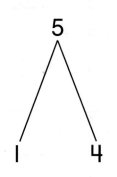 

5   5   5   5   2

4   1   3   2   2   3   1   4   1   1

4   4   4   3   3

3   1   2   2   1   3   2   1   1   2

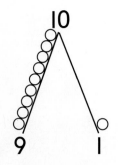 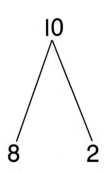 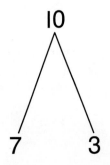 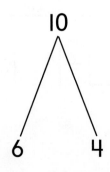 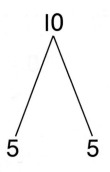

10   10   10   10   10

9   1   8   2   7   3   6   4   5   5

     Separar números hasta 10

Nombre _____

Actividad de la clase

Escribe los números de 1 a 30. Luego escribe los números de 1 a 50.
Usa el Cartel de 120 para ver los patrones.

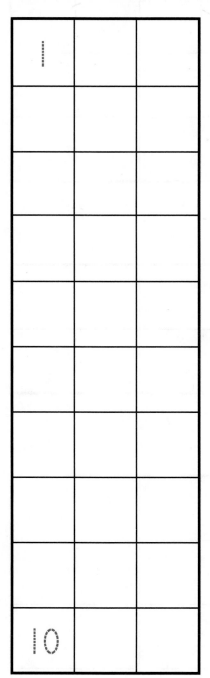

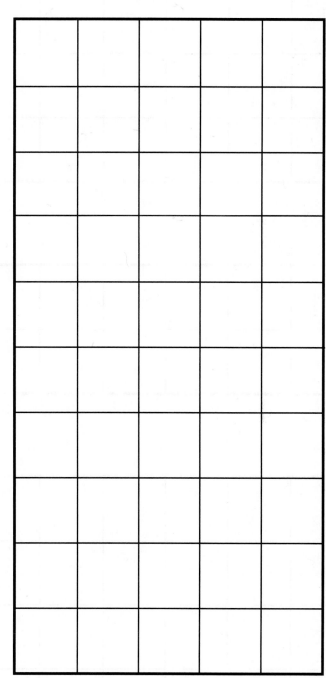

➡️ **En la siguiente página** Escribe los números en las casillas.

Escribe los números de 1 a 30 de izquierda a derecha. Luego escribe los números de 11 a 30. Luego escribe los números de 1 a 50.

1									10
									30

11									
									30

1									
									30
									50

Separar números hasta 10

Un paso más

Nombre _____

Lanza el cubo numerado. Avanza ese número de espacios.

Di la **parte desconocida** de 10.

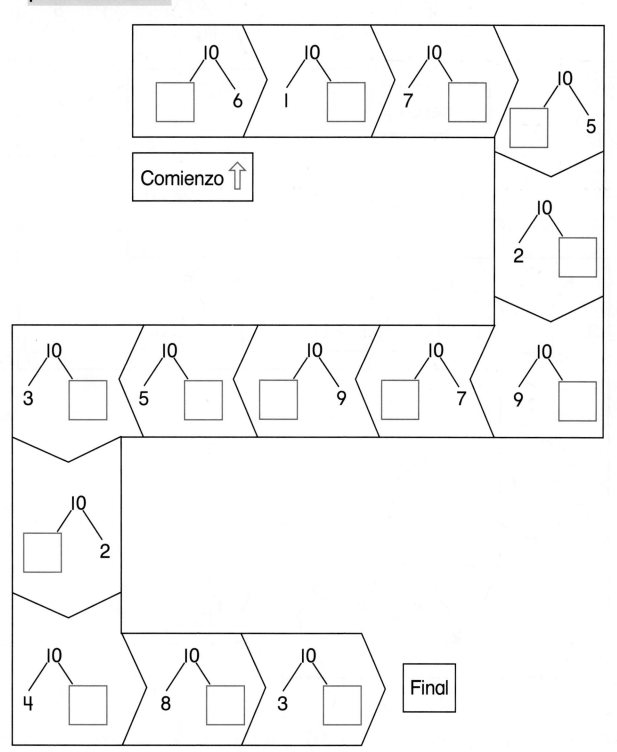

En la siguiente página Vuelve a jugar el juego. Usa el tablero de juego de la siguiente página.

Separar números hasta 10 **215**

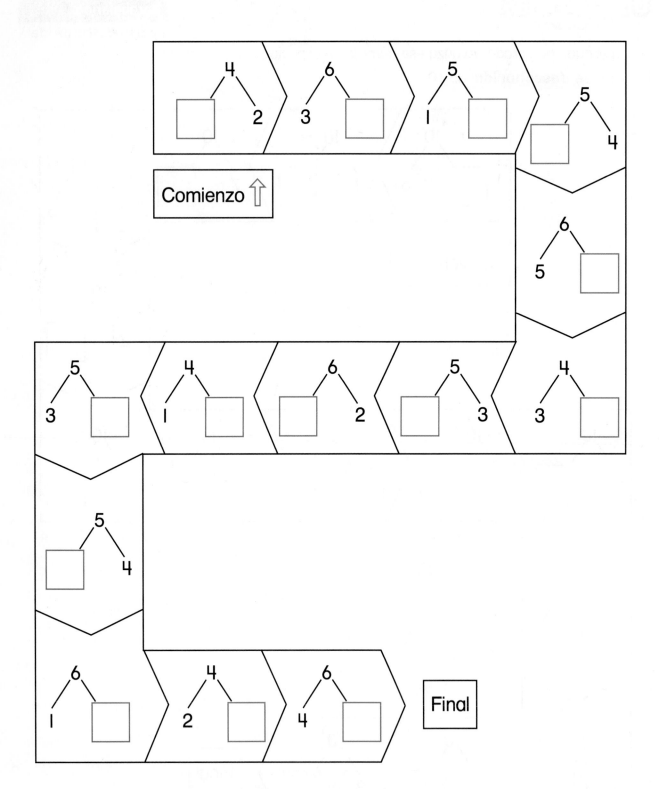

Comienzo ⇧

Final

Separar números hasta 10

Actividad de la clase

Nombre _____

Vocabulario
menos

Cuenta y escribe cuántos hay. Encierra en un círculo el que tiene **menos**.

| 4 | (2) | □ | □ | □ | □ |

| □ | □ | □ | □ | □ | □ |

| □ | □ | □ | □ | □ | □ |

| □ | □ | □ | □ | □ | □ |

Escribe los números de 11 a 30.

11								

➡ **En la página siguiente** Escribe los números de 1 a 30, luego de 11 a 30 y luego de 1 a 50.

Nombre

									10
									30

									30

									30
									50

Dibujos de suma y resta: En el supermercado

Actividad de la clase

Nombre _____

Cuadrícula de patrones C

1.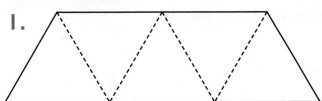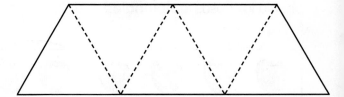

2.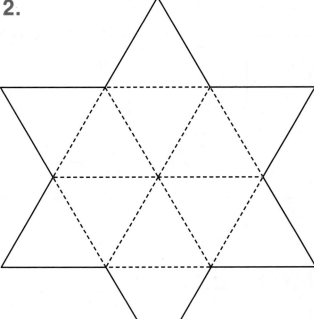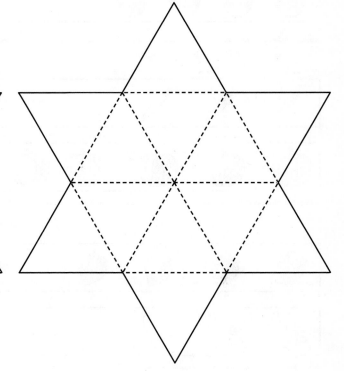

3.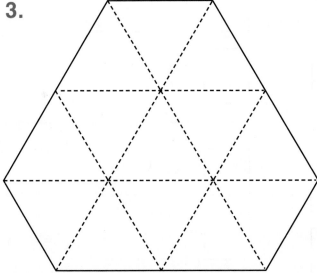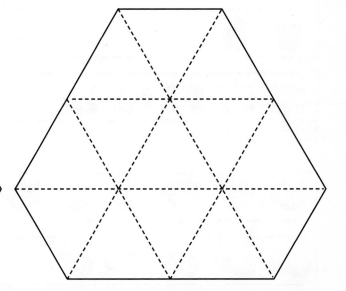

Actividad de la clase

Vocabulario
adicional
más
menos

Cuenta y escribe cuántos hay. Traza líneas para emparejar. Encierra en un círculo las cosas **adicionales**. Escribe M para **más** y Me para **menos**.

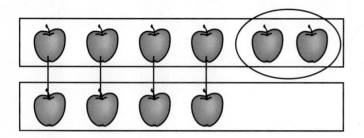

6   M

4   Me

□

□

□

□

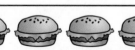

□

□

□

□

Más patrones con figuras y patrones que se repiten

Actividad de la clase

Nombre _____

Traza una línea para mostrar las **partes**. Escribe las partes.

$10 = \boxed{} + \boxed{}$

$10 = \boxed{} + \boxed{}$

$10 = \boxed{} + \boxed{}$

$10 = \boxed{} + \boxed{}$

$10 = \boxed{} + \boxed{}$

$10 = \boxed{} + \boxed{}$

$10 = \boxed{} + \boxed{}$

$10 = \boxed{} + \boxed{}$

$10 = \boxed{} + \boxed{}$

Nombre

Actividad de la clase

Dibuja bolitas en las montañas matemáticas.

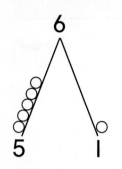
6
5   1

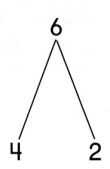
6
4   2

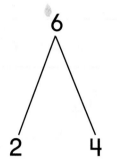
6
3   3

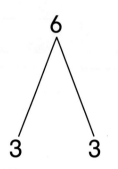
6
2   4

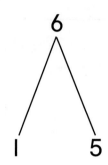
6
1   5

5
4   1

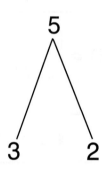
5
3   2

5
2   3

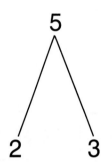
5
1   4

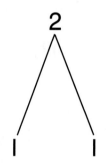
2
1   1

4
3   1

4
2   2

4
1   3

3
2   1

3
1   2

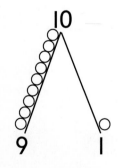
10
9   1

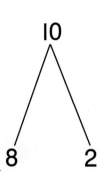
10
8   2

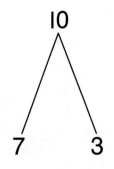
10
7   3

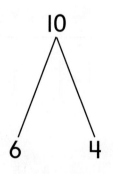
10
6   4

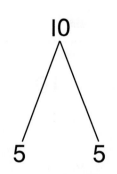
10
5   5

Partes de 10 con grupos de 5

Nombre _____

Actividad de la clase

Vocabulario

sumar

Suma los números.

0 + 1 = ☐

3 + 2 = ☐

4 + 1 = ☐

2 + 0 = ☐

3 + 1 = ☐

2 + 2 = ☐

1 + 0 = ☐

2 + 1 = ☐

1 + 4 = ☐

5 + 0 = ☐

1 + 3 = ☐

1 + 1 = ☐

0 + 4 = ☐

2 + 3 = ☐

2 + 2 = ☐

Conecta los puntos en orden.

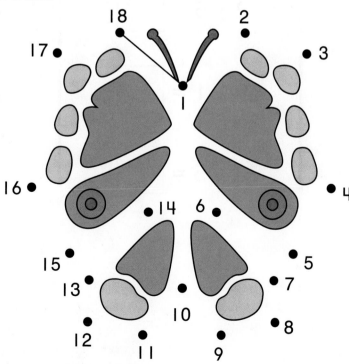

En la página siguiente Suma los números.

2 + 3 = ☐

4 + 1 = ☐

5 + 0 = ☐

3 + 1 = ☐

3 + 2 = ☐

2 + 5 = ☐

5 + 1 = ☐

6 + 3 = ☐

5 + 4 = ☐

0 + 2 = ☐

2 + 1 = ☐

1 + 2 = ☐

1 + 4 = ☐

2 + 2 = ☐

8 + 2 = ☐

2 + 5 = ☐

9 + 1 = ☐

3 + 5 = ☐

3 + 1 = ☐

1 + 1 = ☐

2 + 2 = ☐

1 + 3 = ☐

4 + 1 = ☐

4 + 4 = ☐

3 + 7 = ☐

3 + 3 = ☐

1 + 6 = ☐

Ecuaciones de suma

Dear Family:

In your child's math program, partners are numbers that go together to make up another number. For example:

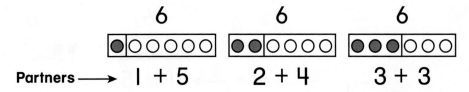

Partners ⟶ 1 + 5   2 + 4   3 + 3

Knowing partners of numbers will help your child develop a strong sense of relationships among numbers and provide a firm foundation for learning addition and subtraction.

Your child has begun using "Math Mountain" drawings to show partners of numbers. Children were told a story about "Tiny Tumblers" who live on top of "Math Mountain." These Tiny Tumblers roll down the sides of Math Mountain for fun. For example:

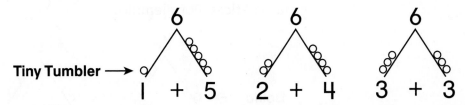

Tiny Tumbler ⟶ 1 + 5   2 + 4   3 + 3

Your child will be asked to count Tiny Tumblers (small circles like those above) and draw Tiny Tumblers to show partners. Children enjoy this visual support and can more easily internalize partners with continued practice. Please help your child with Math Mountain pages as necessary.

Thank you!

Sincerely,
Your child's teacher

Estimada familia:

En el programa de matemáticas de su niño, las partes son los números que van juntos para formar otro número. Por ejemplo:

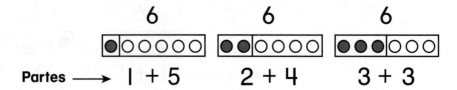

Partes ⟶ $1 + 5$ $2 + 4$ $3 + 3$

Conocer las partes de los números ayudará a su niño a desarrollar el sentido de las relaciones entre los números y le dará una base firme para el aprendizaje de la suma y la resta.

Su niño ha comenzado a usar los dibujos de las "montañas matemáticas" para mostrar las partes de los números. Los niños escucharon un cuento sobre unas "bolitas" que viven en la cima de la "montaña matemática". Para divertirse, estas bolitas descienden rodando por los costados de las montañas matemáticas. Por ejemplo:

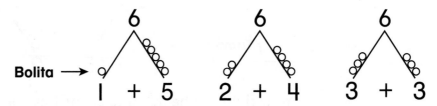

Bolita ⟶ $1 + 5$ $2 + 4$ $3 + 3$

Se le pedirá a su niño que cuente las bolitas (círculos pequeños como se muestra arriba) y que las dibuje para mostrar las partes. Los niños disfrutan de este apoyo visual y pueden asimilar más fácilmente el concepto de las partes con una práctica continua. Si es necesario, ayude a su niño con las páginas de las montañas matemáticas.

¡Gracias!

Atentamente,
El maestro de su niño

Ecuaciones de suma

Nombre _____

Actividad de la clase

Vocabulario

bolita
montaña matemática

Dibuja **bolitas** en las **montañas matemáticas** .

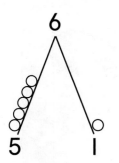

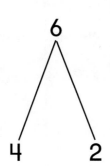

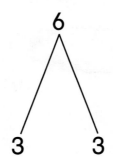

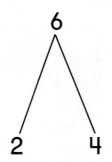

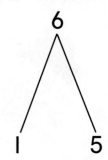

6 6 6 6 6
5 1 4 2 3 3 2 4 1 5

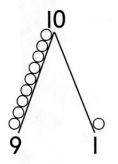

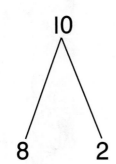

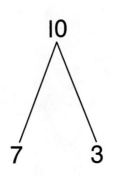

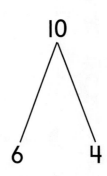

10 10 10 10 10
9 1 8 2 7 3 6 4 5 5

Escribe los números de 1 a 50.

Más partes de 10 con grupos de 5 **227**

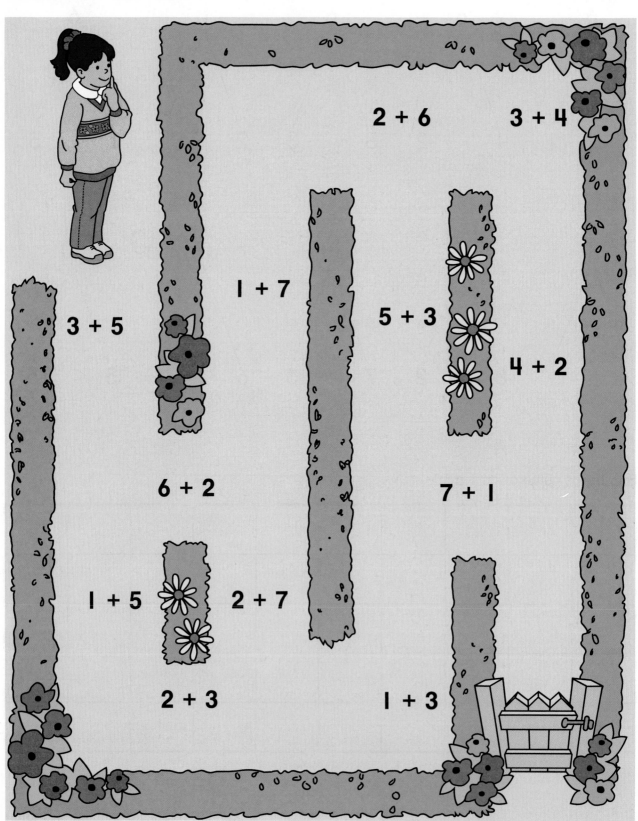

Práctica adicional

Ayuda a Frida a hallar la salida.

Necesita hallar las partes de 8.

2 + 6

3 + 4

1 + 7

5 + 3

4 + 2

3 + 5

6 + 2

7 + 1

1 + 5

2 + 7

2 + 3

1 + 3

Más partes de 10 con grupos de 5

Actividad de la clase

Suma los números.

4 + 1 = ☐

3 + 2 = ☐

5 + 0 = ☐

2 + 2 = ☐

2 + 1 = ☐

2 + 3 = ☐

1 + 4 = ☐

3 + 1 = ☐

1 + 2 = ☐

3 + 0 = ☐

4 + 0 = ☐

1 + 1 = ☐

1 + 3 = ☐

4 + 1 = ☐

2 + 3 = ☐

Conecta los puntos en orden.

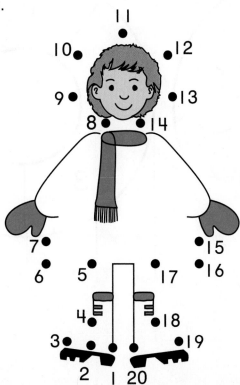

Práctica adicional

Juega al Vagón de suma.

2 + 3 =	1 + 1 =	0 + 1 =	1 + 3 =
2 + 1 =	1 + 4 =	2 + 2 =	5 + 0 =
3 + 1 =	0 + 2 =	3 + 0 =	1 + 3 =

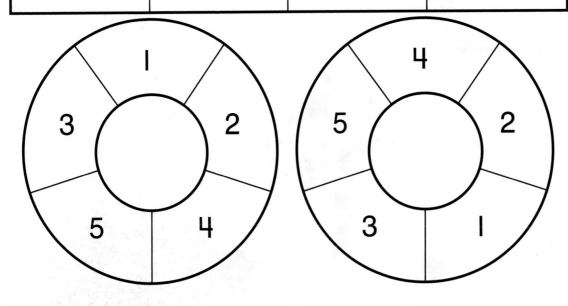

Presentar la rutina de −1

Actividad de la clase

11

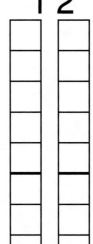

11

10 + __ = __

12

12

10 + __ = __

13

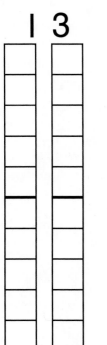
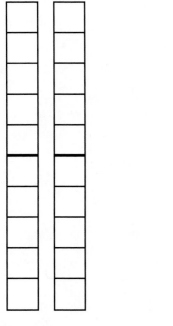

13

10 + __ = __

14

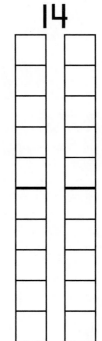

14

10 + __ = __

Actividad de la clase

Nombre _____

Traza líneas para emparejar.

Empareja dos veces.

 10

 5

 6

 4

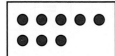 9

 3

 7

 1

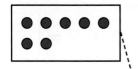 8

 2

Conecta los puntos en orden.

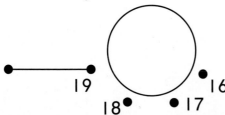

5 •   • 6

9 •   • 10

3 •   4 •   • 7   8 •

2 •

1 •———•
  19

16 •

18 • • 17

15 •
14 • • 13

12 •

11 •

En la página siguiente Suma los números.

1 + 3 = ☐   3 + 2 = ☐   2 + 1 = ☐

2 + 2 = ☐   1 + 4 = ☐   3 + 2 = ☐

1 + 0 = ☐   1 + 2 = ☐   4 + 1 = ☐

2 + 1 = ☐   2 + 2 = ☐   0 + 4 = ☐

1 + 3 = ☐   3 + 1 = ☐   1 + 1 = ☐

8 + 2 = ☐   2 + 5 = ☐   5 + 3 = ☐

5 + 4 = ☐   6 + 2 = ☐   6 + 4 = ☐

4 + 3 = ☐   2 + 8 = ☐   4 + 3 = ☐

3 + 4 = ☐   5 + 3 = ☐   4 + 5 = ☐

Figuras de 2 y 3 dimensiones: Triángulos

Nombre _____

Usa los objetos para completar las gráficas. Encierra en un círculo los objetos adicionales.

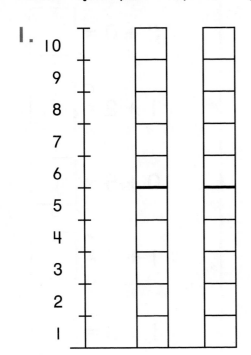

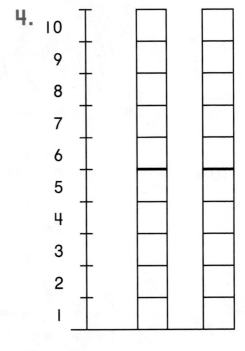

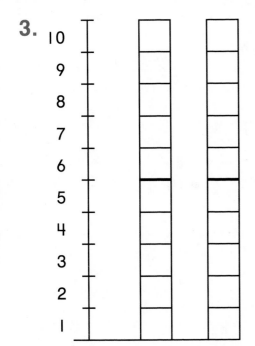

Gráficas verticales y comparaciones **235**

Nombre

Actividad de la clase

Vocabulario

sumar

Suma los números.

$3 + 1 =$ ☐

$2 + 2 =$ ☐

$0 + 4 =$ ☐

$3 + 2 =$ ☐

$5 + 0 =$ ☐

$4 + 1 =$ ☐

$2 + 0 =$ ☐

$2 + 3 =$ ☐

$0 + 1 =$ ☐

$2 + 1 =$ ☐

$3 + 0 =$ ☐

$1 + 2 =$ ☐

$0 + 5 =$ ☐

$1 + 4 =$ ☐

$1 + 3 =$ ☐

Conecta los puntos en orden.

12

11   13

10●   ●9   8● ●16   ●15   ●14

7●

●17

2 3 6●

●18

1 4 5

20   19

Gráficas verticales y comparaciones

Un paso más

Nombre _____

Lanza tres dados. Cuenta los puntos. Anota los datos en la **gráfica**.
Repite para cada gráfica.

1.

10
9
8
7
6
5
4
3
2
1

2.

10
9
8
7
6
5
4
3
2
1

3.

10
9
8
7
6
5
4
3
2
1

4.

10
9
8
7
6
5
4
3
2
1

➡ **En la página siguiente** Suma los números.

Gráficas verticales y comparaciones **237**

4 + 0 = ☐   2 + 2 = ☐   2 + 3 = ☐

3 + 1 = ☐   1 + 1 = ☐   2 + 2 = ☐

1 + 3 = ☐   4 + 1 = ☐   1 + 0 = ☐

1 + 2 = ☐   2 + 1 = ☐   1 + 4 = ☐

3 + 2 = ☐   0 + 3 = ☐   3 + 1 = ☐

3 + 3 = ☐   6 + 4 = ☐   8 + 2 = ☐

2 + 4 = ☐   3 + 4 = ☐   6 + 1 = ☐

4 + 2 = ☐   3 + 5 = ☐   5 + 2 = ☐

1 + 5 = ☐   6 + 3 = ☐   3 + 7 = ☐

Gráficas verticales y comparaciones

Actividad de la clase

Nombre _____

Escribe la **ecuación de partes**.

$3 = 2 + 1$

$3 =$ _____

$4 = 3 + 1$

$4 =$ _____

$4 =$ _____

$5 = 4 + 1$

$5 =$ _____

$5 =$ _____

$5 =$ _____

$10 = 9 + 1$

$10 =$ _____

$10 =$ _____

$10 =$ _____

$6 = 5 + 1$

$6 =$ _____

$6 =$ _____

$6 =$ _____

$6 =$ _____

$10 =$ _____

$10 =$ _____

$10 =$ _____

$10 =$ _____

$10 =$ _____

 En la página siguiente Suma los números.

Ecuaciones: Partes de los números 3, 4, 5, 6 y 10 **239**

$2 + 2 = \boxed{}$ $3 + 0 = \boxed{}$ $2 + 3 = \boxed{}$

$3 + 1 = \boxed{}$ $2 + 1 = \boxed{}$ $1 + 0 = \boxed{}$

$1 + 2 = \boxed{}$ $0 + 4 = \boxed{}$ $3 + 2 = \boxed{}$

$4 + 1 = \boxed{}$ $1 + 1 = \boxed{}$ $0 + 2 = \boxed{}$

$1 + 3 = \boxed{}$ $2 + 1 = \boxed{}$ $3 + 2 = \boxed{}$

$3 + 4 = \boxed{}$ $3 + 3 = \boxed{}$ $5 + 3 = \boxed{}$

$2 + 4 = \boxed{}$ $3 + 5 = \boxed{}$ $6 + 2 = \boxed{}$

$1 + 5 = \boxed{}$ $3 + 6 = \boxed{}$ $8 + 2 = \boxed{}$

$5 + 2 = \boxed{}$ $1 + 9 = \boxed{}$ $5 + 3 = \boxed{}$

Ecuaciones: Partes de los números 3, 4, 5, 6 y 10

Actividad de la clase

1 5

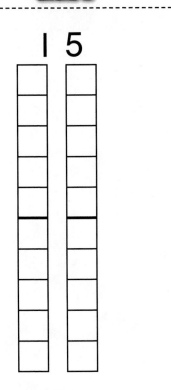

15

_____

_____

_____

_____

_____

_____

10 + ___ = ___

1 6

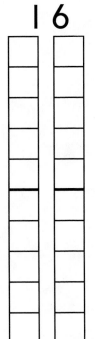
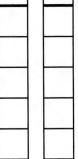

16

_____

_____

_____

_____

_____

_____

10 + ___ = ___

1 7

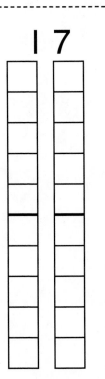

17

_____

_____

_____

_____

_____

_____

10 + ___ = ___

1 8

18

_____

_____

_____

_____

_____

_____

10 + ___ = ___

Actividad de la clase

1.

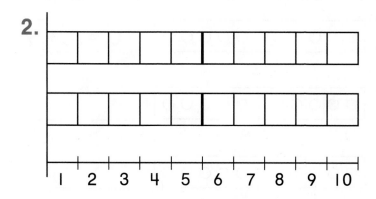

2.

3.

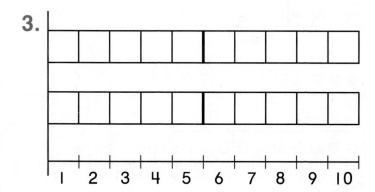

4.

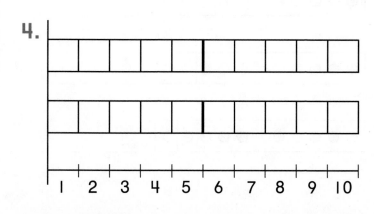

Gráficas horizontales y comparaciones **243**

Actividad de la clase

Nombre _____

Escribe la ecuación de partes.

3 = 1 + 2

_____

4 = 1 + 3

_____

_____

5 = 1 + 4

_____

_____

_____

10 = 1 + 9

_____

_____

_____

_____

_____

_____

6 = 1 + 5

_____

_____

_____

_____

Gráficas horizontales y comparaciones

Actividad de la clase

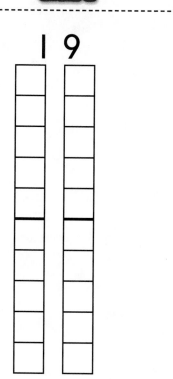

1 9

19

___

___

___

___

___

___

___

10 + ___ = ___

2 0

20

___

___

___

___

___

___

___

10 + ___ = ___

Mi Libro

de números

de 11 a 19

de la Unidad 4

Por _____

Dobla aquí.

Actividad de la clase

4-23

Nombre _____

Traza líneas para emparejar.

Empareja dos veces.

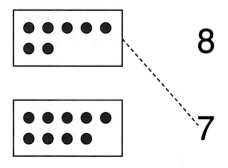

8

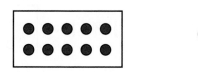

7

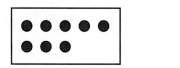

9

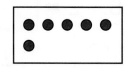

6

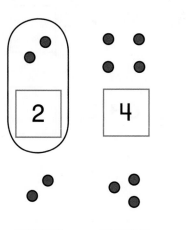

10

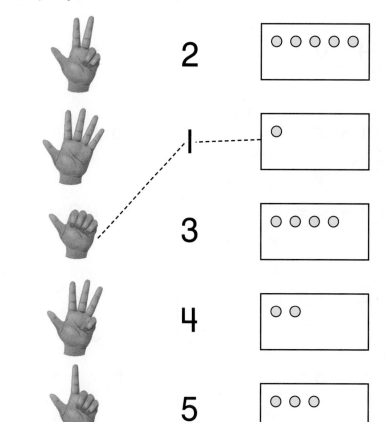

2

1

3

4

5

Cuenta y escribe cuántos hay. Encierra en un círculo el que tiene menos.

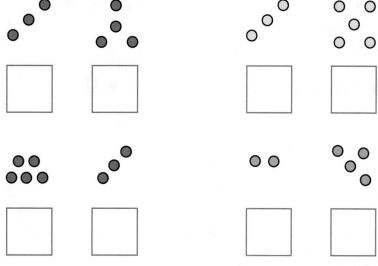

En la siguiente página Suma los números.

UNIDAD 4 LECCIÓN 23

Libro de números de 11 a 19 **247**

1 + 3 = ☐	3 + 1 = ☐	2 + 2 = ☐
4 + 0 = ☐	0 + 2 = ☐	2 + 1 = ☐
1 + 2 = ☐	3 + 2 = ☐	2 + 3 = ☐
1 + 4 = ☐	2 + 2 = ☐	1 + 1 = ☐
2 + 1 = ☐	1 + 2 = ☐	4 + 1 = ☐
5 + 3 = ☐	5 + 1 = ☐	8 + 2 = ☐
2 + 6 = ☐	6 + 4 = ☐	3 + 7 = ☐
6 + 1 = ☐	4 + 5 = ☐	1 + 8 = ☐
3 + 7 = ☐	4 + 4 = ☐	6 + 3 = ☐

Actividad de la clase

Nombre

Mariposas de _____

(nombre)

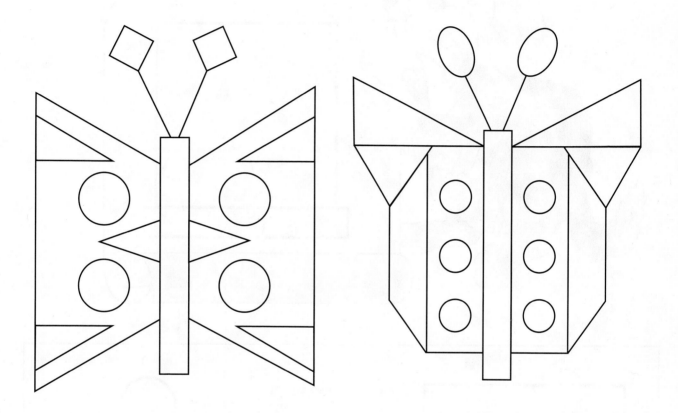

Colorea todas las **figuras** del mismo tipo del color que se muestra.

Cuenta cuántas figuras de cada tipo hay en el dibujo. Escribe el número.

morado

anaranjado

azul

rojo

amarillo

rosado

Nombre _____

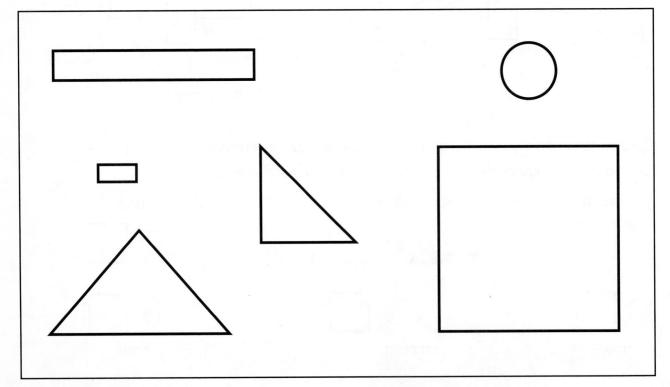

Figuras en una escena de mariposas

Nombre _____

Examen de la unidad

Ejercicios 1 a 7. Traza una línea para mostrar las partes. Escribe las partes.

10 = [ ] + [ ]

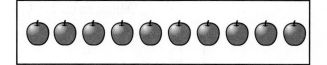

10 = [ ] + [ ]

10 = [ ] + [ ]

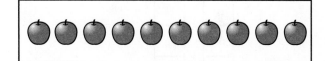

10 = [ ] + [ ]

10 = [ ] + [ ]

5 = [ ] + [ ]

5 = [ ] + [ ]

Examen de la unidad

Ejercicios 8 y 9. Muestra el número de 11 a 19 como una decena y unidades adicionales.
Dibuja círculos. Luego completa la ecuación.

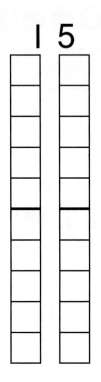

15

10 + ___ = ___

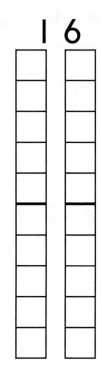

16

10 + ___ = ___

Ejercicios 10 a 13. Suma los números.

2 + 2 = ☐   2 + 1 = ☐

4 + 1 = ☐   3 + 2 = ☐

Examen de la unidad

Ejercicio 14. Escribe los números de 1 a 30.

1									
11									
21									

Ejercicios 15 a 17. Cuenta y escribe cuántos hay. Encierra en un círculo el que tiene menos.

☐ ☐   ☐ ☐   ☐ ☐

Ejercicios 18 y 19. Sigue el patrón.

2	2	4	2	2	4				

◯	◯	☐	☐	◯	◯	☐	☐		

Nombre _____

Examen de la unidad

Ejercicio 20. **Respuesta extendida** Dibuja 16 círculos en grupos que muestren las partes 10 y 6.

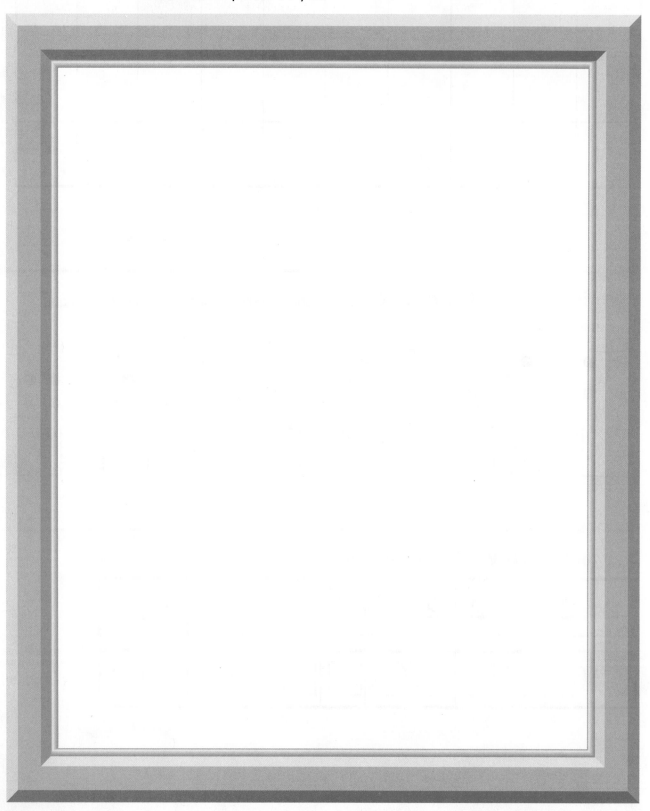

Dear Family:

We are starting a new unit in math: Consolidation of Concepts. This unit builds on the concepts that were introduced in previous units. For example, children will be creating and solving simple story problems, creating patterns, and making shape pictures. Math projects will include making Teen Number Books and a Night Sky display with stars in groups of ten.

Special emphasis will be on the teen numbers. Here are some ways you can help your child understand teen numbers:

- Make a game of finding teen numbers on signs and in printed materials.

- Encourage your child to count everyday objects (groups of 11–19 items). Ask your child to regroup the objects to show a ten and extra ones.

- Continue to assist your child with math homework pages.

Thank you!

Sincerely,
Your child's teacher

Estimada familia:

Vamos a empezar una nueva unidad de matemáticas: Reforzar conceptos. Esta unidad se basa en los conceptos que se han estudiado en las unidades anteriores. Por ejemplo, los niños crearán y resolverán problemas verbales sencillos, crearán patrones y harán dibujos de figuras. Los proyectos de matemáticas consistirán en hacer libros de los números de 11 a 19 y un cartel de Estrellas en el cielo con estrellas en grupos de diez.

Se pondrá especial énfasis en los números de 11 a 19. Aquí tiene algunas sugerencias para ayudar a su niño a entender estos números:

- Invente un juego para buscar números de 11 a 19 en los letreros y en materiales impresos.

- Anime a su niño a contar objetos cotidianos (grupos de 11 a 19 objetos). Pídale que reagrupe los objetos para mostrar una decena y unidades adicionales.

- Siga ayudando a su niño con la tarea de matemáticas.

¡Gracias!

Atentamente,
El maestro de su niño

Actividad de la clase

Estrellas **257**

Nombre

Actividad de la clase

Vocabulario
patrón

Sigue el **patrón** que se repite.

| ▽ | ☺ | ☺ | ▽ | ☺ | ☺ | | | | | | | | | |

| 7 | 8 | 8 | 8 | 7 | 8 | 8 | 8 | | | | | | | |

| ☾ | ☾ | ☁ | ☁ | ☾ | ☾ | ☁ | ☁ | | | | | | | |

| △ | △ | △ | ○ | △ | △ | △ | ○ | | | | | | | |

| 3 | 3 | 5 | 3 | 3 | 5 | | | | | | | | | |

| ○ | ▯ | △ | ○ | ▯ | △ | | | | | | | | | |

| 8 | 2 | 5 | 8 | 2 | 5 | | | | | | | | | |

Dibuja tus propios patrones.

| | | | | | | | | | | | | | | |

| | | | | | | | | | | | | | | |

Un paso más

Haz una estimación de cuántas estrellas hay. Escribe tu estimación y luego cuenta.

Mi estimación Mi cuenta	Mi estimación Mi cuenta	Mi estimación Mi cuenta
Mi estimación Mi cuenta	Mi estimación Mi cuenta	Mi estimación Mi cuenta

Partes del número 10: Estrellas en el cielo

Actividad de la clase

10 = 1 + 9
_____

_____

_____

_____

_____

_____

_____

_____

_____

_____

Dibuja círculos para mostrar cada número. Escribe la decena y las unidades
debajo de los círculos. Completa las ecuaciones que hay más abajo.
Comenta los patrones que ves.

| 11 | 12 | 13 | 14 | 15 | 16 | 17 | 18 | 19 | 20 |

10 + 1

10 +

10 +

+

+

+

+

+

+

+

14 = 10 + ____

15 = 10 + ____

12 = 10 + ____

13 = 10 + ____

17 = 10 + ____

19 = 10 + ____

16 = 10 + ____

18 = 10 + ____

Más partes del número 10: Estrellas en el cielo

Dear Family:

It is important that your child learn to see the ten in teen numbers. Each teen number (11, 12, 13, 14, 15, 16, 17, 18, and 19) is made of a ten and some "extra ones."

Please help your child at home with groups of 11–19 objects. Ask your child to show the ten, show the extra ones, and then write the number. Below are two ways to display 17 pieces of cereal in a group of ten and extra ones, shown with a sample dialogue about the cereal.

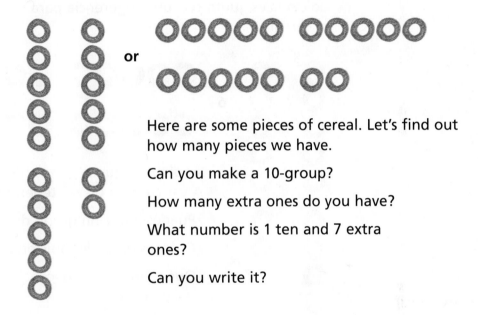

Here are some pieces of cereal. Let's find out how many pieces we have.

Can you make a 10-group?

How many extra ones do you have?

What number is 1 ten and 7 extra ones?

Can you write it?

If you have any questions or problems, please contact me. Thank you for your cooperation.

Sincerely,
Your child's teacher

Estimada familia:

Es importante que su niño aprenda a ver las decenas en los números de 11 a 19. Cada uno de estos números (11, 12, 13, 14, 15, 16, 17, 18 y 19) está formado por una decena y algunas "unidades adicionales".

Por favor, ayude a su niño en casa a formar grupos que tengan entre 11 y 19 objetos. Pídale que muestre la decena, las unidades adicionales y que luego escriba el número. Abajo hay dos maneras de mostrar 17 piezas de cereal en un grupo de diez y unidades adicionales, junto con una sugerencia para un diálogo sobre el cereal.

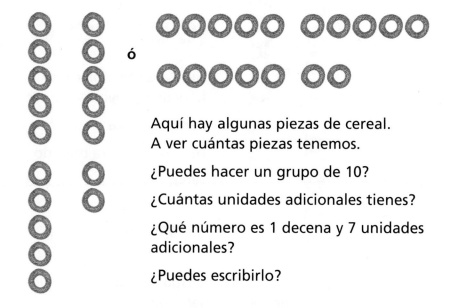

Aquí hay algunas piezas de cereal.
A ver cuántas piezas tenemos.

¿Puedes hacer un grupo de 10?

¿Cuántas unidades adicionales tienes?

¿Qué número es 1 decena y 7 unidades adicionales?

¿Puedes escribirlo?

Si tiene alguna duda o pregunta, por favor comuníquese conmigo. Gracias por su cooperación.

Atentamente,
El maestro de su niño

Actividad de la clase

Nombre _____

Encierra en un círculo la **decena**. Escribe las decenas
y las **unidades** en cada **ecuación**.

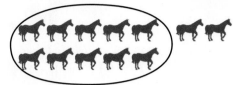

$\underline{10} + \underline{2} = \underline{12}$

_____ + _____ = _____

_____ + _____ = _____

_____ + _____ = _____

_____ + _____ = _____

_____ + _____ = _____

_____ + _____ = _____

_____ + _____ = _____

_____ + _____ = _____

En la siguiente página Elige el número 7, 8 ó 9. Dibuja y escribe diferentes partes para
tu número.

Resolver y volver a contar problemas

Nombre _____

Actividad de la clase

Escribe los números de 1 a 100 en columnas verticales como las del Cartel de 120.

1	11	21							
2									
10									100

➡ **En la siguiente página** Escribe los números de 1 a 100 en hileras horizontales.

Hacer cantidades de 1 a 20 **267**

1	2								10
11									
21									
									100

Hacer cantidades de 1 a 20

Un paso más

Estima cuántas estrellas hay. Escribe tu estimación y luego cuenta.

Mi estimación Mi cuenta	Mi estimación Mi cuenta	Mi estimación Mi cuenta
Mi estimación Mi cuenta	Mi estimación Mi cuenta	Mi estimación Mi cuenta

En la siguiente página Dibuja 15 estrellas en grupos de 5.

Hacer cantidades de 1 a 20

Actividad de la clase

Cuadrícula de patrones D

1.

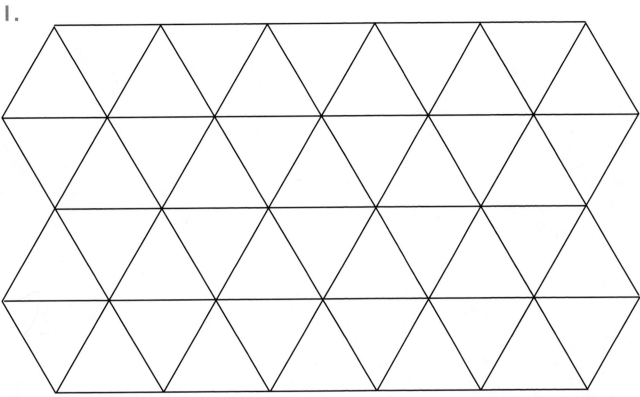

2.

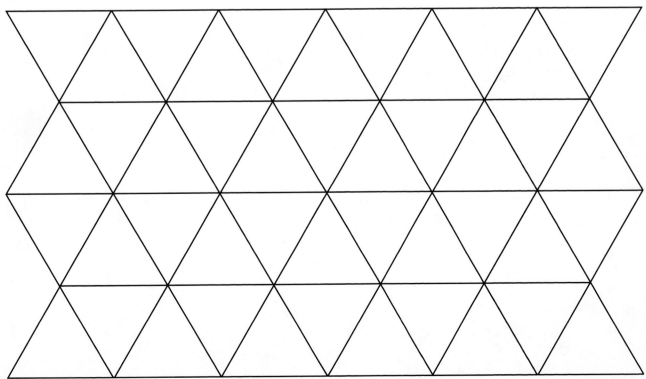

Actividad de la clase

Escribe el número de 11 a 19 en las casillas de arriba. Escribe abajo 10 más el número de unidades.

		+
		+
		+
		+
		+
		+
		+
		+
		+
		+

Escribe el número que falta.

11 = 10 + _____   14 = 10 + _____   17 = 10 + _____

12 = 10 + _____   15 = 10 + _____   18 = 10 + _____

13 = 10 + _____   16 = 10 + _____   19 = 10 + _____

20 = 10 + _____

En la página siguiente Escribe los números de 1 a 100.

1	2								10
11									
									100

Patrones geométricos y rotaciones

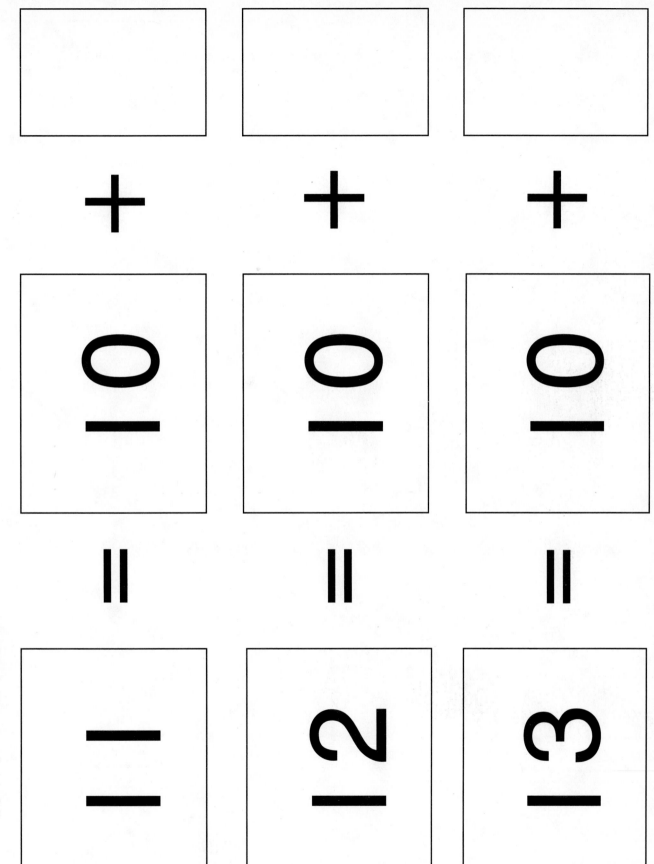

Tablero para jugar Esconder el cero, 11 a 13

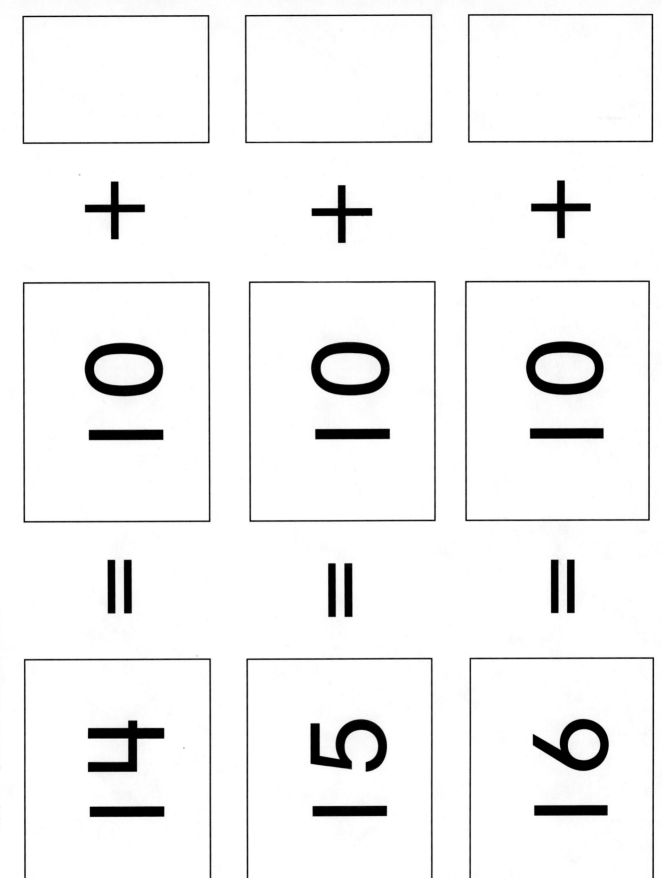

Tablero para jugar Esconder el cero, 14 a 16

$$+ \qquad + \qquad +$$

10	10	10

$$= \qquad = \qquad =$$

17	18	19

Práctica adicional

Escribe los números de 1 a 100 en columnas verticales como en el Cartel de 120.

1	11	21							
2									
10									100

➡ **En la siguiente página** Escribe los números de 1 a 100 en hileras horizontales.

1	2								10
11									
21									
									100

Más problemas para resolver y volver a contar

Actividad de la clase

Nombre _____

5

Vocabulario
parte

Escribe las **partes** de 5.

$1 + 4$ _____ $2 + 3$ _____ $3 + 2$ _____ $4 + 1$ _____

_____   _____   _____   _____

_____   _____   _____   _____

_____   _____   _____   _____

En la página siguiente Suma los números.

2 + 1 = ☐   3 + 1 = ☐   2 + 2 = ☐

2 + 3 = ☐   1 + 3 = ☐   3 + 2 = ☐

5 + 0 = ☐   4 + 1 = ☐   0 + 5 = ☐

3 + 1 = ☐   2 + 2 = ☐   1 + 4 = ☐

2 + 3 = ☐   1 + 1 = ☐   1 + 2 = ☐

3 + 5 = ☐   7 + 2 = ☐   3 + 4 = ☐

2 + 6 = ☐   1 + 7 = ☐   4 + 3 = ☐

1 + 9 = ☐   8 + 1 = ☐   8 + 2 = ☐

6 + 3 = ☐   7 + 2 = ☐   3 + 7 = ☐

Actividad de la clase

Nombre _____

Dibuja **bolitas** en cada **montaña matemática** y escribe la parte.

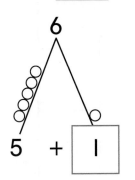

6
5 + | 1 |

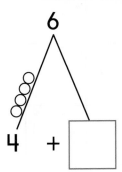

6
4 + [ ]

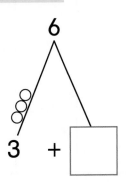

6
3 + [ ]

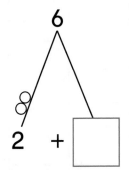

6
2 + [ ]

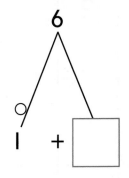

6
1 + [ ]

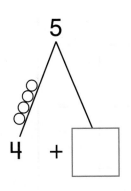

5
4 + [ ]

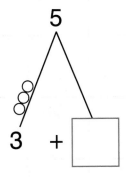

5
3 + [ ]

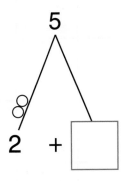

5
2 + [ ]

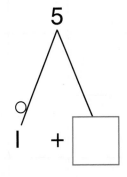

5
1 + [ ]

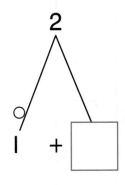

2
1 + [ ]

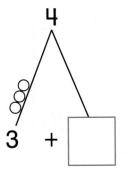

4
3 + [ ]

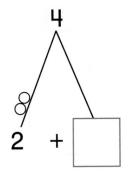

4
2 + [ ]

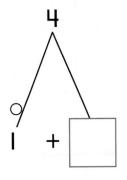

4
1 + [ ]

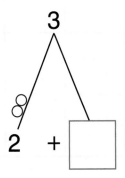

3
2 + [ ]

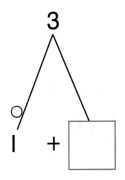

3
1 + [ ]

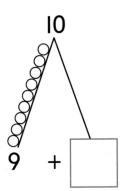

10
9 + [ ]

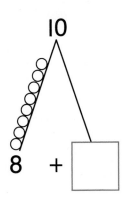

10
8 + [ ]

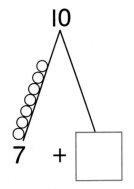

10
7 + [ ]

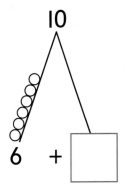

10
6 + [ ]

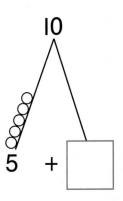

10
5 + [ ]

➡ **En la página siguiente** Escribe los números de 1 a 100.

Repasar las partes de los números 2, 3, 4, 5, 6 y 10 **285**

1	11								
2									
10									100

Repasar las partes de los números 2, 3, 4, 5, 6 y 10

Nombre _____

Actividad de la clase

6

Escribe las **partes** de 6.

| $1 + 5$ | $2 + 4$ | $3 + 3$ | $4 + 2$ | $5 + 1$ |

En la siguiente página Suma los números.

1 + 1 = ☐	1 + 4 = ☐	2 + 1 = ☐
1 + 0 = ☐	3 + 2 = ☐	4 + 1 = ☐
2 + 2 = ☐	2 + 1 = ☐	3 + 0 = ☐
2 + 3 = ☐	1 + 2 = ☐	3 + 1 = ☐
1 + 1 = ☐	2 + 2 = ☐	1 + 3 = ☐
1 + 8 = ☐	3 + 3 = ☐	7 + 3 = ☐
6 + 2 = ☐	4 + 3 = ☐	4 + 6 = ☐
6 + 4 = ☐	4 + 4 = ☐	5 + 1 = ☐
5 + 5 = ☐	4 + 5 = ☐	6 + 2 = ☐

Partes de los números 6, 7, 8 y 9

Nombre _____

Actividad de la clase

Resta los números. Usa los dedos o dibuja.

3 – 2 = ☐

5 – 5 = ☐

2 – 2 = ☐

4 – 1 = ☐

4 – 3 = ☐

3 – 1 = ☐

3 – 3 = ☐

5 – 2 = ☐

4 – 3 = ☐

5 – 0 = ☐

4 – 2 = ☐

3 – 0 = ☐

2 – 1 = ☐

5 – 4 = ☐

5 – 3 = ☐

¿**Igual** o **desigual**?	¿Igual o desigual?	¿Igual o desigual?
= ó ≠	= ó ≠	= ó ≠

2			10	2 + 8
5			6	5 + 2
3			9	3 + 4
1			7	1 + 6
4			8	4 + 4

 En la siguiente página Escribe los números de 1 a 100.

Nombre

1	2								10
11									
									100

Juego: Decenas en los números de 11 a 19

10

11

Mi Libro
de números
de 11 a 19
de la Unidad 5

Por _____

Para 10 y 11, dibuja ese número de cosas y encierra en un círculo 10.

Decenas en el libro de números de 11 a 19 **291**

12	13
14	15

Para 12, 13, 14 y 15, dibuja ese número de objetos y encierra 10 en un círculo.

Decenas en el libro de números de 11 a 19

16	17
18	19

Para 16, 17, 18 y 19, dibuja ese número de cosas y encierra en un círculo 10.

Decenas en el libro de números de 11 a 19

Decenas en el libro de números de 11 a 19

10 =

Muestra de partes de 10

Actividad de la clase

Nombre

Partes del número 10

1 + 9 2 + 8 3 + 7 4 + 6 5 + 5 6 + 4 7 + 3 8 + 2 9 + 1

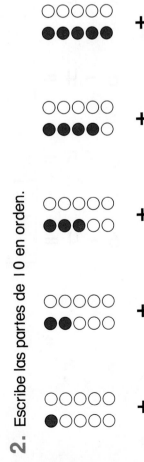

1. Escribe las partes de 10 en orden.

2. Escribe las partes de 10 en orden.

3. Escribe las partes de 10 en orden.

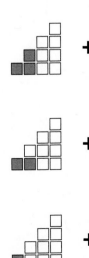

En la siguiente página Resta los números.

$2 - 2 = \boxed{}$

$3 - 1 = \boxed{}$

$4 - 1 = \boxed{}$

$5 - 4 = \boxed{}$

$5 - 1 = \boxed{}$

$10 - 4 = \boxed{}$

$10 - 3 = \boxed{}$

$7 - 4 = \boxed{}$

$6 - 3 = \boxed{}$

$3 - 2 = \boxed{}$

$2 - 1 = \boxed{}$

$3 - 1 = \boxed{}$

$5 - 3 = \boxed{}$

$3 - 3 = \boxed{}$

$9 - 2 = \boxed{}$

$8 - 4 = \boxed{}$

$6 - 5 = \boxed{}$

$6 - 4 = \boxed{}$

$5 - 4 = \boxed{}$

$5 - 2 = \boxed{}$

$4 - 0 = \boxed{}$

$2 - 1 = \boxed{}$

$4 - 2 = \boxed{}$

$7 - 2 = \boxed{}$

$6 - 1 = \boxed{}$

$10 - 2 = \boxed{}$

$8 - 2 = \boxed{}$

Partes del número 10: Proyecto de la clase

Partes del número 7

$1 + 6$ $2 + 5$ $3 + 4$ $4 + 3$ $5 + 2$ $6 + 1$

1. Escribe las partes de 7 en orden.

2. Escribe las partes de 7 en orden.

3. Escribe las partes de 7 en orden.

4. Escribe las partes de 7 en orden.

⬆ **En la siguiente página** Escribe los números de 1 a 120. Usa el Cartel de 120 como ayuda.

1	2								10
11									
									100
120									

Presentar rutinas para contar y agrupar

Nombre _____

Actividad de la clase

Vocabulario

igual

Empareja las figuras. Agrega figuras para hacer los dos grupos **iguales** .

Escribe el número y las partes.

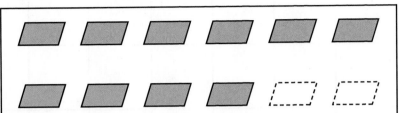

6
_____

4 + 2
_____

_____

_____

_____

_____

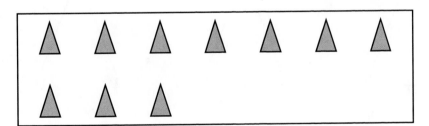

_____

_____

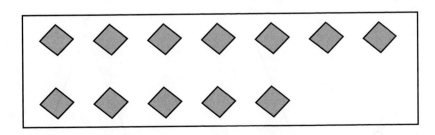

_____

_____

Práctica: Actividades con números y movimientos corporales **303**

Actividad de la clase

Vocabulario
patrón

1. Escribe los números de 1 a 30.

1									
11									
21									

2. Dibuja bolitas en las montañas matemáticas. Comenta los **patrones** que ves en las partes.

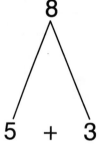
6 + 1

5 + 2

4 + 3

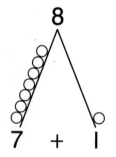
7 + 1

6 + 2

5 + 3

4 + 4

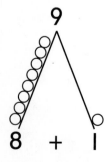
8 + 1

7 + 2

6 + 3

5 + 4

Práctica: Actividades con números y movimientos corporales

Actividad de la clase

Nombre _____

Dibuja bolitas y escribe cuántas hay en cada montaña matemática.

 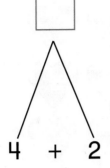 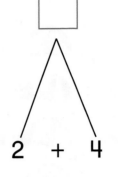 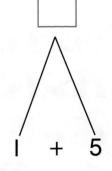

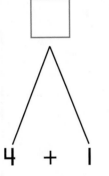 5 + 1   4 + 2   3 + 3   2 + 4   1 + 5

 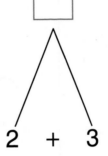  

4 + 1   3 + 2   2 + 3   1 + 4   1 + 1

 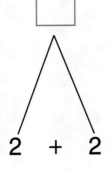 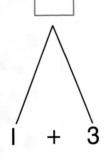  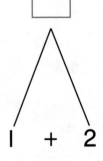

3 + 1   2 + 2   1 + 3   2 + 1   1 + 2

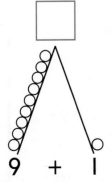  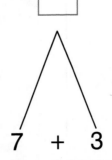 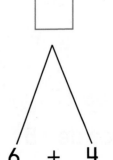

9 + 1   8 + 2   7 + 3   6 + 4   5 + 5

Un paso más

○ **más** de 15

○ **menos** de 15

○ más de 15

○ menos de 15

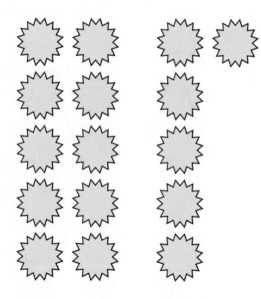

○ más de 15

○ menos de 15

○ más de 15

○ menos de 15

Sumar partes para hallar totales

Actividad de la clase

Nombre _____

Resta (tacha) las figuras necesarias para que los grupos sean **iguales** .

Escribe los números para cada pareja de grupos iguales.

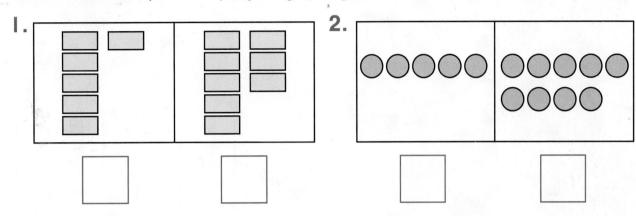

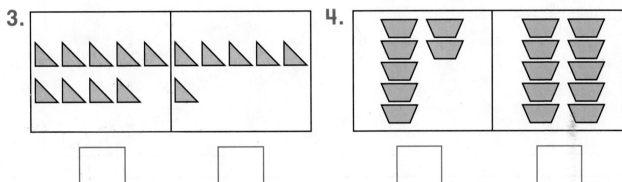

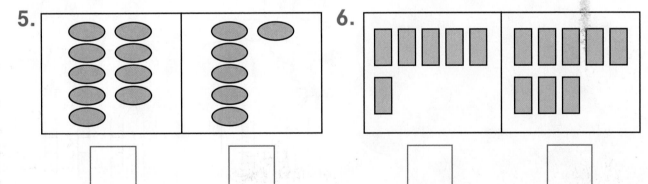

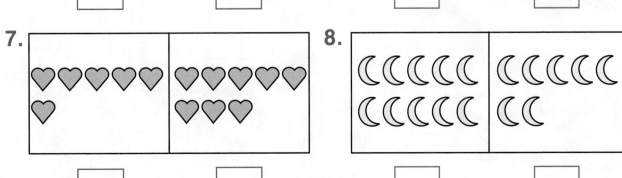

Problemas: Totales menores que 10 **307**

Práctica adicional

Nombre

Problemas: Totales menores que 10

Actividad de la clase

sumar
restar
igual

Nombre _____

Suma (dibuja más) o **resta** (tacha) para que los grupos sean **iguales**.
Escribe los números para cada pareja de grupos iguales.

1.

2.

3.

4.

5.

6.

7.

8.

Restar para hacer grupos iguales **309**

Nombre

14	10 + 9	11	10 + 1	16
10 + 8				10 + 7
17				13
10 + 4				10 + 2
19				18
10 + 5	15	10 + 3	12	10 + 6

Restar para hacer grupos iguales

Actividad de la clase

A.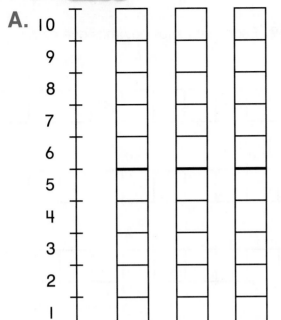

B.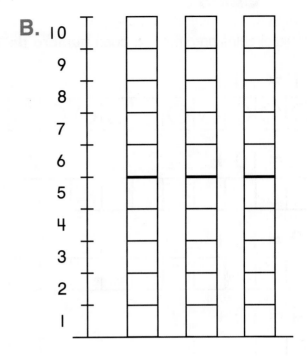

C.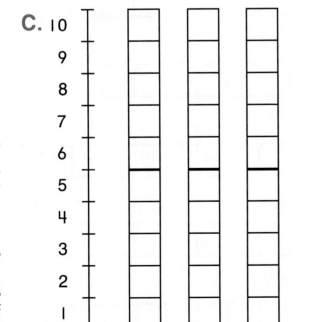

D.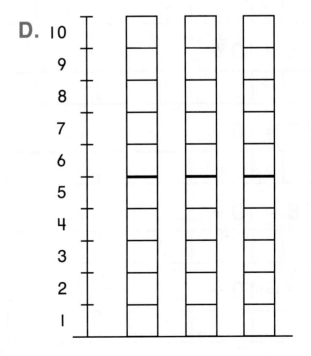

Nombre _____

Actividad de la clase

Voca**Vocabulario**
número de 11 a 19

Dibuja círculos para mostrar cada **número de 11 a 19**. Escribe cuántos hay más que diez.

11 = 10 + __1__

⬜🔘🔘🔘🔘🔘🔘🔘🔘🔘 ⬜🔘⬜⬜⬜⬜⬜⬜⬜⬜

12 = 10 + _____

13 = 10 + _____

14 = 10 + _____

15 = 10 + _____

16 = 10 + _____

17 = 10 + _____

18 = 10 + _____

19 = 10 + _____

20 = 10 + _____

Copyright © Houghton Mifflin Company. All rights reserved.

312 UNIDAD 5 LECCIÓN 19   Más gráficas verticales y comparaciones

Práctica adicional

Colorea 9 peces de amarillo.

Colorea algunos de los otros peces de azul.

Colorea el resto de los peces de anaranjado.

Colorea la gráfica para mostrar cuántos peces de cada color hay.

10		
9		
8		
7		
6		
5		
4		
3		
2		
1		

azul   amarillo   anaranjado

➡ **En la siguiente página** Resta los números.

5 − 3 = ☐

5 − 4 = ☐

3 − 1 = ☐

4 − 3 = ☐

2 − 2 = ☐

9 − 1 = ☐

7 − 2 = ☐

10 − 1 = ☐

8 − 4 = ☐

4 − 4 = ☐

5 − 2 = ☐

3 − 2 = ☐

2 − 1 = ☐

4 − 1 = ☐

8 − 1 = ☐

10 − 5 = ☐

9 − 4 = ☐

6 − 2 = ☐

4 − 2 = ☐

5 − 1 = ☐

4 − 0 = ☐

5 − 5 = ☐

2 − 0 = ☐

9 − 5 = ☐

6 − 1 = ☐

10 − 3 = ☐

9 − 2 = ☐

Más gráficas verticales y comparaciones

5-20

Actividad de la clase

10

6

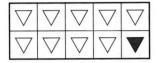

10 = 9 + 1

10 = 1 + 9

6 = 5 + 1

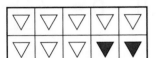

10 =

10 =

6 =

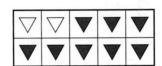

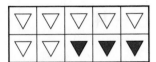

10 =

10 =

6 =

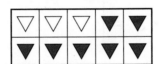

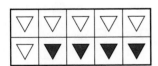

10 =

10 =

6 =

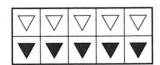

10 =

10 =

6 =

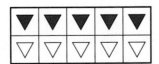

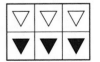

En la siguiente página Resta los números.

Práctica: Actividades con bloques de figuras y tarjetas de atributos **315**

3 – 2 = ☐

1 – 1 = ☐

5 – 4 = ☐

4 – 1 = ☐

5 – 2 = ☐

8 – 5 = ☐

7 – 4 = ☐

10 – 2 = ☐

10 – 3 = ☐

2 – 1 = ☐

3 – 1 = ☐

5 – 0 = ☐

4 – 3 = ☐

4 – 4 = ☐

9 – 3 = ☐

6 – 2 = ☐

7 – 5 = ☐

8 – 4 = ☐

2 – 0 = ☐

4 – 2 = ☐

5 – 3 = ☐

4 – 0 = ☐

5 – 1 = ☐

6 – 4 = ☐

10 – 5 = ☐

9 – 5 = ☐

9 – 2 = ☐

Práctica: Actividades con bloques de figuras y tarjetas de atributos

Actividad de la clase

Nombre _____

Dibuja círculos para mostrar cada número. Escribe la decena y las unidades debajo de los círculos. Completa las ecuaciones de abajo. Comenta los patrones que ves.

11	12	13	14	15	16	17	18	19	20
10 + 1	10 +	10 +	+	+	+	+	+	+	+

15 = 10 + _____

14 = 10 + _____   12 = 10 + _____   17 = 10 + _____   16 = 10 + _____

13 = 10 + _____   19 = 10 + _____   18 = 10 + _____

15 = 10 + _____   13 = 10 + _____

En la siguiente página Resta los números.

Números de 11 a 19, sus partes y ecuaciones **317**

2 − 1 = ☐

5 − 3 = ☐

3 − 0 = ☐

3 − 2 = ☐

5 − 4 = ☐

7 − 4 = ☐

9 − 2 = ☐

6 − 4 = ☐

9 − 1 = ☐

5 − 4 = ☐

4 − 3 = ☐

3 − 1 = ☐

5 − 3 = ☐

3 − 3 = ☐

9 − 5 = ☐

10 − 5 = ☐

8 − 5 = ☐

8 − 4 = ☐

4 − 2 = ☐

5 − 1 = ☐

2 − 2 = ☐

1 − 0 = ☐

5 − 2 = ☐

7 − 1 = ☐

9 − 3 = ☐

8 − 3 = ☐

7 − 5 = ☐

Números de 11 a 19, sus partes y ecuaciones

Práctica adicional

Cuento de matemáticas _____

_____

_____

_____

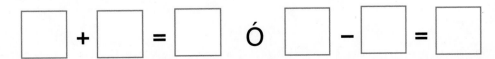

Página del Libro de cuentos de matemáticas

Nombre

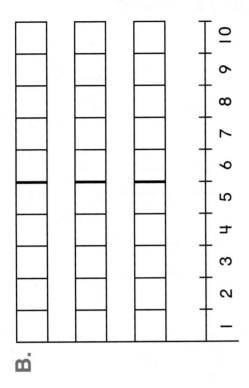

B.

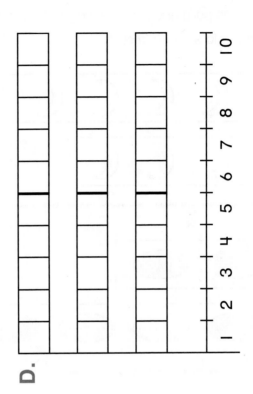

D.

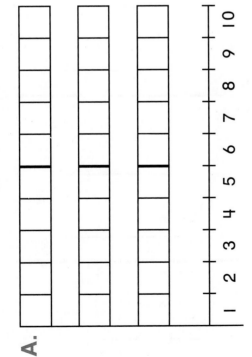

A.

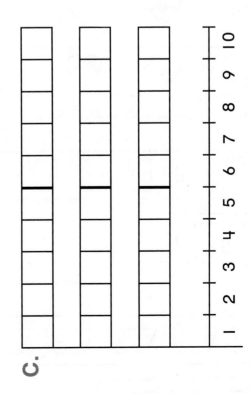

C.

Más gráficas horizontales y comparaciones **321**

Actividad de la clase

Suma o resta figuras para hacer que el segundo grupo sea igual al primer grupo.
Escribe el número y la suma o la resta.

_____

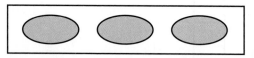

_____

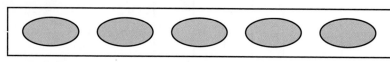

_____

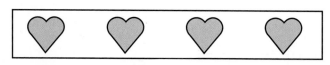

_____

_____

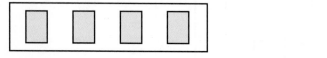

_____

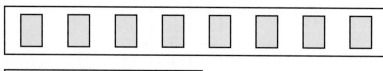

_____

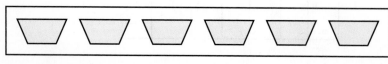

_____

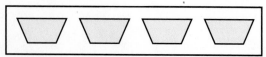

_____

Más gráficas horizontales y comparaciones

5-23 **Nombre** _____

Actividad de la clase

Vocabulario
restar
igual

Resta figuras para hacer que los dos grupos sean **iguales**.
Escribe el número y la resta.

   **4**

   **6 − 2**

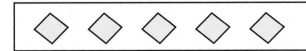

En la siguiente página Escribe los números de 1 a 20 (o más allá).

Nombre

Juego: Más decenas en los números de 11 a 19

Dear Family:

In the next math unit, your child will be learning about coins and money. He or she will learn to identify coins and know their value. Your child will also continue to build an understanding of tens and ones through activities related to money.

In order to prepare for these lessons, we are asking you to give your child 3 pennies, 3 nickels, and 3 dimes to bring to school. Your child will use these coins during our lessons. Please put the coins in an envelope or plastic bag clearly marked with your child's name.

Pennies	Dimes	Nickels

Using actual coins will add a real-life experience to your child's math learning and will make it easier for him or her to recognize money. The coins will be returned to you so that they can be used at home for further practice.

I appreciate your cooperation. If you have any questions or problems, please contact me.

Sincerely,
Your child's teacher

Carta a la familia

Estimada familia:

En la siguiente unidad, su niño aprenderá acerca de las monedas y el dinero. Aprenderá a identificar monedas y a conocer su valor. También ampliará su aprendizaje acerca de las decenas y las unidades por medio de actividades relacionadas con el dinero.

Para prepararlo para estas lecciones, le pedimos que le dé 3 monedas de 1 centavo, 3 monedas de 5 centavos y 3 monedas de 10 centavos para que las traiga a la escuela. Su niño usará monedas durante las lecciones. Por favor, póngalas en un sobre o en una bolsa de plástico con el nombre de su niño.

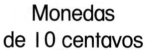

| Monedas de 1 centavo | Monedas de 10 centavos | Monedas de 5 centavos |

Usar monedas auténticas sustentará el aprendizaje de matemáticas con una experiencia de la vida real, y hará que su niño identifique el dinero con facilidad. Le devolveremos las monedas para que pueda seguir con la práctica en su casa.

Le agradezco su cooperación. Si tiene alguna duda o pregunta, por favor comuníquese conmigo.

Atentamente,
El maestro de su niño

Juego: Más decenas en los números de 11 a 19

Actividad de la clase

Vocabulario

partes iguales
mitad (mitades)

Encierra en un círculo la figura que muestra 2 **partes iguales** o **mitades**.

1.

 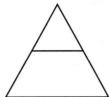

2.

3.

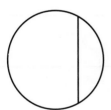 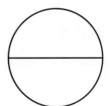

4.

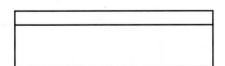 

Nombre _____

Actividad de la clase

Usa fichas para hacer **grupos iguales**.

Luego dibuja lo que hiciste.

1. Usa 4 fichas. Haz 2 grupos.

2. Usa 6 fichas. Haz 3 grupos.

3. Usa 8 fichas. Haz 2 grupos.

4. Usa 9 fichas. Haz 3 grupos.

Partes iguales, porciones iguales

Actividad de la clase

Vocabulario

figuras

Colorea del mismo color todas las **figuras** del mismo tipo.

Cuenta el número de cada tipo de figura en el dibujo. Escribe el número.

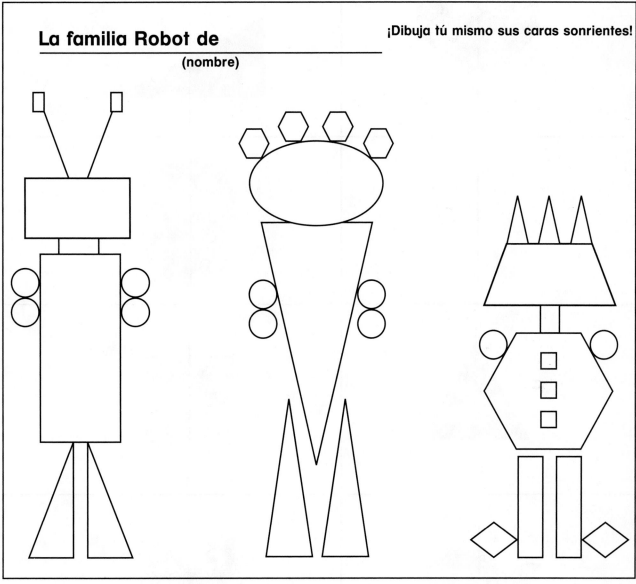

La familia Robot de _____
(nombre)

¡Dibuja tú mismo sus caras sonrientes!

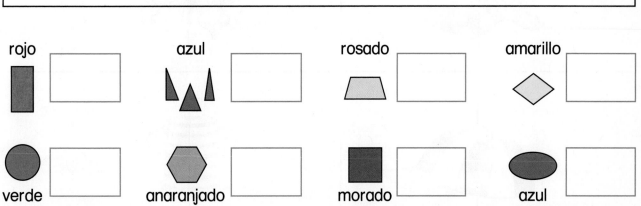

rojo

azul

rosado

amarillo

verde

anaranjado

morado

azul

Actividad de la clase

Encierra en un círculo las figuras u objetos con **simetría**.

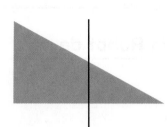

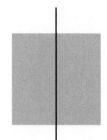

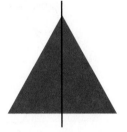

Figuras en un robot

Actividad de la clase

1. Dibuja 3 líneas rectas en una hoja.
   Haz que los puntos finales toquen el borde del papel u otra línea.
   Corta por la líneas.

2. Mira las piezas y completa la tabla.

Mi rompecabezas tiene _____ Piezas	
Piezas con	Número de piezas
exactamente 3 lados	
exactamente 4 lados	
exactamente 1 esquina cuadrada	
todas las esquinas cuadradas	

3. Intercambia los rompecabezas con un compañero. Armen los rompecabezas.

Actividad de la clase

Encierra en un círculo **Verdadero** o **Falso**.

Haz un dibujo para mostrar por qué.

1. Los triángulos tienen 4 esquinas.   Verdadero   Falso

2. 3 y 5 son partes de 8.   Verdadero   Falso

3. 3 círculos son más que 4 círculos.   Verdadero   Falso

4. 2 y 3 son partes de 7.   Verdadero   Falso

5. 4 cuadrados son más que 3 cuadrados.   Verdadero   Falso

     Usar procesos matemáticos

Examen de la unidad

Nombre _____

Ejercicios 1 a 3. Sigue el patrón.

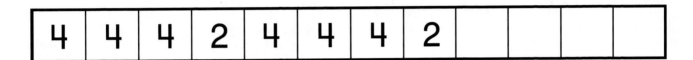

Haz tu propio patrón.

Ejercicios 4 y 5. Escribe el número para cada uno en la casilla de arriba.

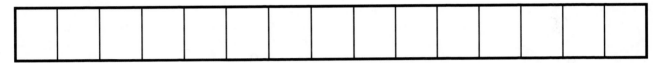

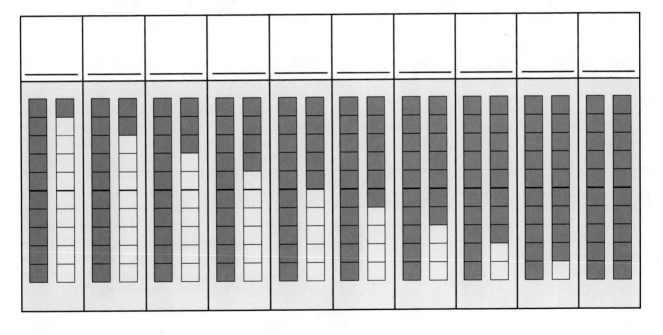

Ejercicios 6 a 11. Completa las ecuaciones.

14 = 10 + _____   12 = 10 + _____   17 = 10 + _____

15 = 10 + _____   13 = 10 + _____   19 = 10 + _____

Nombre _____

Ejercicios 12 y 13. Escribe las partes que muestran las bolitas.

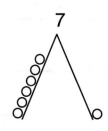

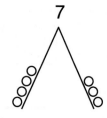

7   7   7

_____ + _____   _____ + _____   _____ + _____

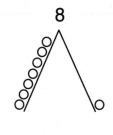

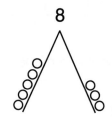

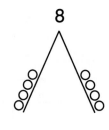

8   8   8   8

_____ + _____   _____ + _____   _____ + _____   _____ + _____

Ejercicios 14 a 18. Escribe las ecuaciones de partes de 10 en orden.

10 = _____   10 = _____   10 = _____   10 = _____   10 = _____

Examen de la unidad

Nombre _____

Ejercicios 19 a 21. Agrega (dibuja más) para hacer los dos grupos iguales.

Escribe el número y las partes.

_____

_____

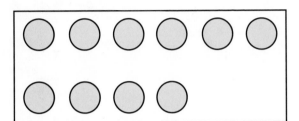

_____

_____

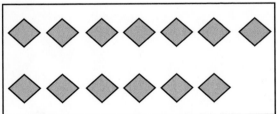

_____

_____

Ejercicios 22 a 24. Resta los números. Usa los dedos o dibuja.

$4 - 3 =$ ☐

$5 - 2 =$ ☐

$3 - 1 =$ ☐

Nombre _____

Examen de la unidad

Ejercicio 25. **Respuesta extendida.** Una payasa tiene 5 anillos. Le lanza 2 a otra payasa. ¿Cuántos tiene ahora? Haz un dibujo y escribe la ecuación para resolver.

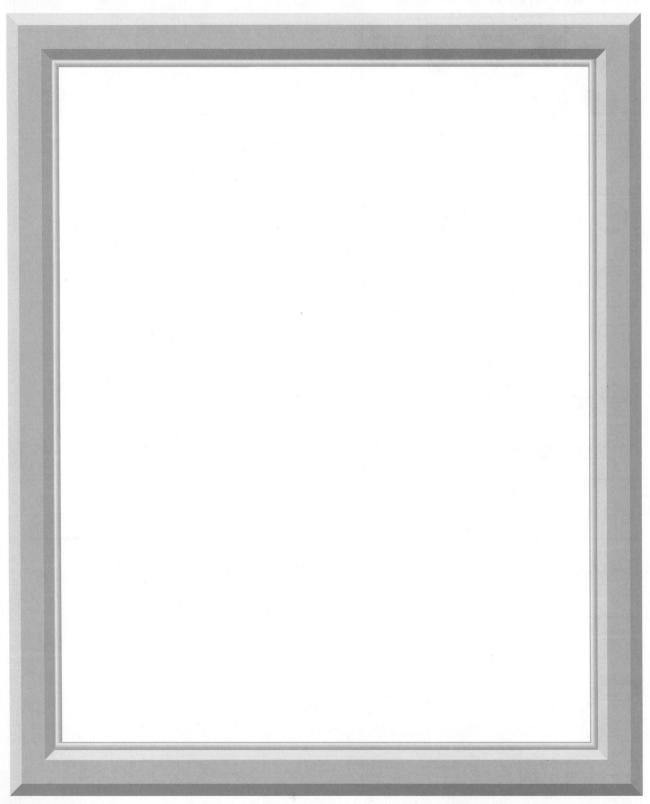

Dear Family:

Thank you for sending coins to school with your child in a labeled envelope or plastic bag. Using real coins is very useful when learning about money.

Throughout the year, during the Daily Routines and in activities using Nickel Strips and Dime Strips, we have been helping your child build an understanding of pennies, nickels, and dimes. Now we are asking children to describe these coins, differentiate among them, and recognize their values. Children are also learning to count coin amounts.

You can help your child by asking him or her to sort pennies, nickels, and dimes. Then assist your child in counting the pennies by ones, the nickels by fives, and the dimes by tens. Practice counting up to one dollar for each type of coin.

You can have your child make extra coins by covering a real coin with paper and coloring over it. The surface of the coin will appear on the paper. Make sure your child makes some fronts and some backs for each type of coin. These can be cut out and used for the activities described above.

Thank you for your continued support.

Sincerely,
Your child's teacher

Estimada familia:

Gracias por enviarnos monedas en un sobre o en una bolsa de plástico rotulada con el nombre de su niño. Usar monedas auténticas es muy útil cuando se aprende sobre el dinero.

A lo largo del año, en las rutinas diarias y en actividades con tiras de monedas de 5 y de 10 centavos, hemos ayudado a su niño a aprender acerca de las monedas de 1 centavo, de 5 centavos y de 10 centavos. Ahora le pedimos a los niños que describan estas monedas, que las diferencien y que identifiquen su valor. También están aprendiendo a contar cantidades de monedas.

Puede ayudar a su niño pidiéndole que clasifique monedas de 1 centavo, de 5 centavos y de 10 centavos. Luego ayúdelo a contar las monedas de 1 centavo de uno en uno, las de 5 centavos de cinco en cinco y las de 10 centavos de diez en diez. Practiquen contando hasta un dólar con cada tipo de moneda.

Puede pedirle a su niño que haga más monedas poniendo un papel sobre la moneda auténtica y coloreándolo. La superficie de la moneda aparecerá en el papel. Asegúrese de que su niño haga dibujos de los dos lados de cada tipo de moneda. Después pueden recortarlos y usarlos en las actividades que se describieron anteriormente.

Gracias por su apoyo constante.

Atentamente,
El maestro de su niño

Las monedas y sus valores

Nombre _____

Actividad de la clase

Muestra las monedas.

5¢	7¢
10¢	4¢
9¢	12¢

Actividad de la clase

¿Cuánto dinero hay?

Cuenta y escribe.

Moneda de 5 centavos:

$1   cara   reverso

5¢   10¢   _____   _____   _____   _____   _____   _____   _____   _____

_____   _____   _____   _____   _____   _____   _____   _____   _____   _____

Moneda de 10 centavos:

$1   cara   reverso

10¢   20¢   _____   _____   _____   _____   _____   _____   _____   _____

Hacer grupos de monedas

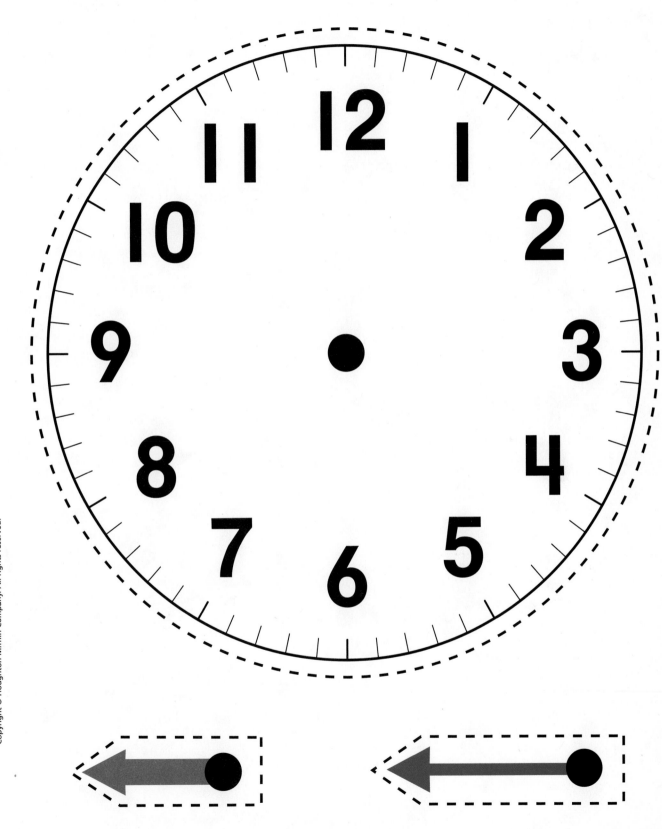

Reloj del estudiante (con manecillas) **345**

Mostrar y escribir la hora

Nombre

Actividad de la clase

Relojes para el libro "Un día de mucho trabajo"

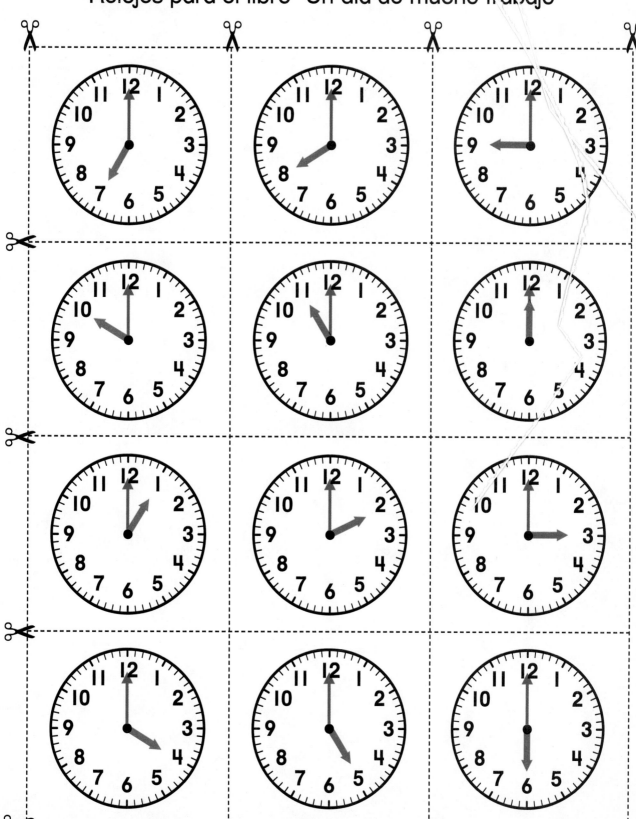

Relojes para el libro "Un día de mucho trabajo" **349**

Relojes para el libro "Un día de mucho trabajo"

Nombre _____

Actividad de la clase

Vocabulario
reloj
reloj digital

Lee el **reloj**.

Escribe la hora en el **reloj digital**.

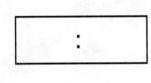

hora : minuto

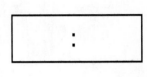

hora : minuto

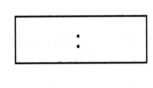

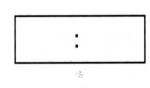

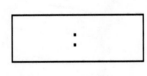

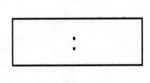

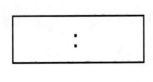

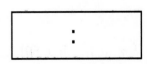

➡ **En la siguiente página** Dibuja lo que haces a las 8:00 de la noche.

La hora a nuestro alrededor **351**

Nombre

Actividad de la clase

Encierra en un círculo un número para mostrar el orden.
Encierra en un círculo poco tiempo o mucho tiempo para mostrar cuánto tiempo toma
cada actividad.

Estoy en la escuela.

1   2   3   4

poco tiempo   mucho tiempo

Juego un juego antes de
ir a la cama.

1   2   3   4

poco tiempo   mucho tiempo

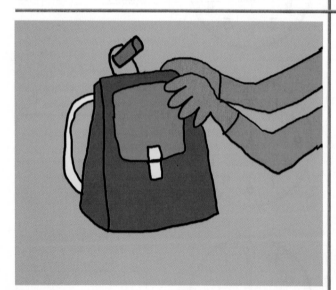

Guardo mi bolsa de libros.

1   2   3   4

poco tiempo   mucho tiempo

Me siento a desayunar.

1   2   3   4

poco tiempo   mucho tiempo

La hora a nuestro alrededor

6-6

Nombre _____

Actividad de la clase

Lee el **reloj**.

Escribe la hora en el **reloj digital**.

 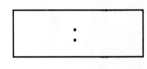

hora : minuto   hora : minuto

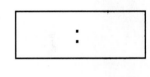

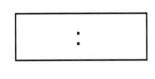

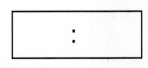

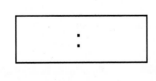

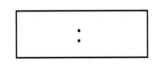

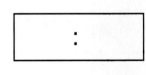

En la siguiente página Dibuja un reloj digital. Escribe en él una hora que conozcas.

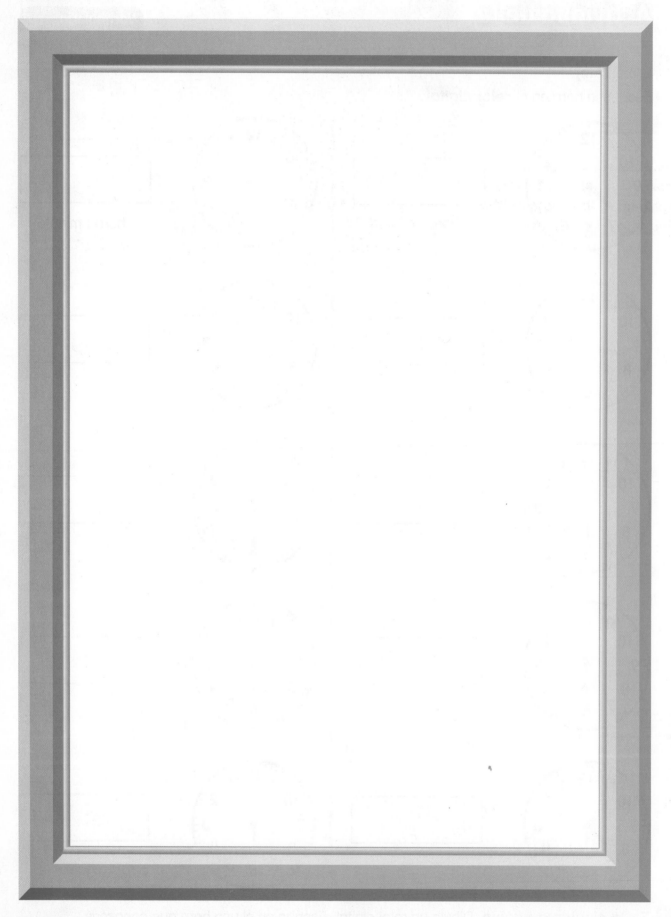

La hora hasta la media hora

Nombre _____

Actividad de la clase

Piensa cuánto tiempo toma cada actividad.

Encierra en un círculo **día**, **semana**, **mes**, o **año**.

Vocabulario
día
semana
mes
año

1. Tiempo para hacer un viaje a un lugar muy lejano

día   semana

2. Tiempo para poder usar una talla de zapato más grande

año   día

3. Tiempo entre cortes de cabello

día   mes

4. Tiempo entre la salida y la puesta del sol

día   mes

Nombre _____

Actividad de la clase

Usa el calendario para responder las preguntas.

MAYO 2010

DOM	LUN	MAR	MIÉR	JUE	VIE	SÁB
						1
2	3	4	5	6	7	8
9	10	11	12	13	14	15
16	17	18	19	20	21	22
23	24	25	26	27	28	29
30	31					

1. Encierra en un rectángulo el nombre del mes.

2. Encierra en círculos los días de la semana.

3. ¿Qué día viene antes del viernes?

   domingo   jueves   sábado

4. ¿Qué día viene antes del miércoles?

   martes   jueves   lunes

Actividad de la clase

Vocabulario

medida
longitud
pulgada

Usa fichas de una pulgada cuadrada para **medir** la **longitud**.

Escribe el número de **pulgadas**.

_____ pulgadas

_____ pulgadas

_____ pulgadas

_____ pulgadas

_____ pulgadas

_____ pulgadas

Actividad de la clase

Nombre _____

Usa fichas de una pulgada cuadrada para **medir** la **longitud**.

Escribe el número de **pulgadas**.

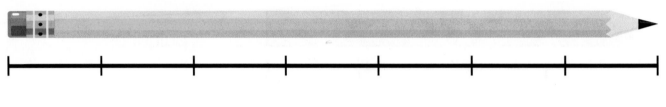

_____ pulgadas

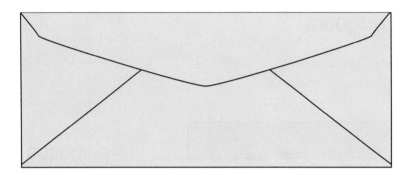

_____ pulgadas

_____ pulgadas

_____ pulgadas

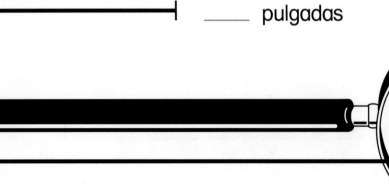

_____ pulgadas

Presentar las medidas

Un paso más

Estima la **longitud**.

Luego toma la medida con fichas de una pulgada cuadrada.

1.

   Estimación: cerca de ____ pulgadas   Medida: ____ pulgadas

2.

   Estimación: cerca de ____ pulgadas   Medida: ____ pulgadas

3.

   Estimación: cerca de ____ pulgadas   Medida: ____ pulgadas

4.

   Estimación: cerca de ____ pulgadas   Medida: ____ pulgadas

➡ **En la siguiente página** Escribe o dibuja tres distancias. Luego usa *larga* o *corta* para describirlas.

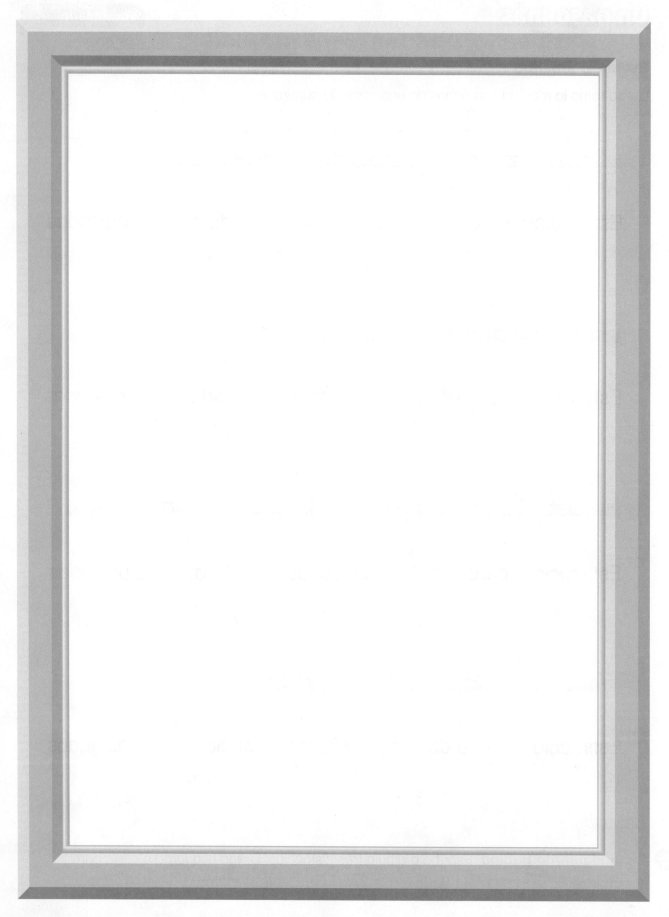

Presentar las medidas

Nombre _____

Actividad de la clase

Usa tus cubos de un **centímetro** para **medir** la **longitud**.

Escribe el número de centímetros.

_____ centímetros

_____ centímetros

_____ centímetros

_____ centímetros

_____ centímetros

_____ centímetros

_____ centímetros

Medidas en centímetros **361**

Nombre

Actividad de la clase

Usa tus cubos de un **centímetro** para **medir** la **longitud**.

Escribe el número de centímetros.

Vocabulario

centímetro
medir
longitud

_____ cm

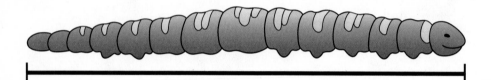

_____ cm

_____ cm

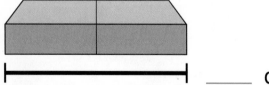

_____ cm

_____ cm

Medidas en centímetros

Nombre _____

Actividad de la clase

Vocabulario

centímetros (cm)
más largo
más corto

Escribe la longitud en **centímetros (cm)**.

Encierra en un círculo la hilera **más larga**.

I.  _____ cm

 _____ cm

2. 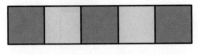 _____ cm

 _____ cm

Escribe la longitud en centímetros (cm).

Encierra en un círculo la hilera **más corta**.

3. 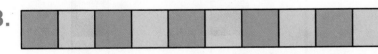 _____ cm

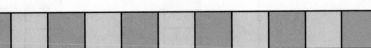 _____ cm

4. 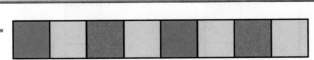 _____ cm

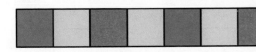 _____ cm

Longitud y altura **363**

Nombre _____

Actividad de la clase

Escribe el número de **centímetros (cm)**.

Encierra en un círculo la torre **más alta**.

1.

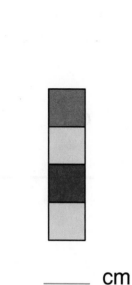
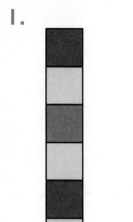

_____ cm   _____ cm

2.

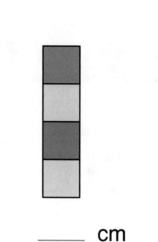
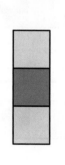

_____ cm   _____ cm

Escribe el número de centímetros (cm).

Encierra en un círculo la torre **más baja**.

3.

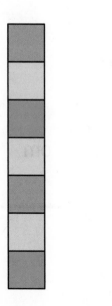
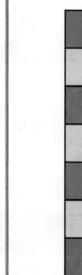

_____ cm   _____ cm

4.

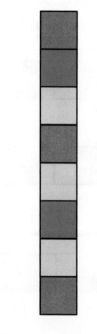

_____ cm   _____ cm

Longitud y altura

Nombre _____

Actividad de la clase

Encierra en un círculo el objeto **más pesado**.

Subraya el objeto **más liviano**.

Vocabulario

pesado	liviano
más pesado	más liviano
el más	el más
pesado	liviano

1.

2.

3.

Ordena los objetos del **más pesado** al **más liviano**. Escribe el número.

4.

_____   _____   _____

Ordena los objetos del **más liviano** al **más pesado**. Escribe el número.

5.

_____   _____   _____

Actividad de la clase

Vocabulario

| más | menos |
| la mayor | la menor |

Encierra en un círculo el recipiente que puede contener **más**.

Subraya el recipiente que puede contener **menos**.

1.

2.

3.

Ordena los recipientes del que puede contener **la mayor** cantidad al que puede contener **la menor** cantidad. Escribe el número.

4.

_____   _____   _____

Ordena los recipientes del que puede contener **la menor** cantidad al que puede contener **la mayor** cantidad. Escribe el número.

5.

_____   _____   _____

Peso y capacidad

Actividad de la clase

Nombre

Encierra en un círculo el objeto que está **caliente**.

Subraya el objeto que está **frío**.

Vocabulario

caliente
frío
tibio
más frío

1.

2.

3.

Encierra el objeto que está **tibio**. Subraya el objeto que está **más frío**.

4.

5.

➡ **En la siguiente página** Dibuja una línea de arriba a abajo de la página.

Rotula un lado Caliente/Tibio y el otro lado Frío/Más frío.

Luego haz 3 dibujos para cada uno.

Nombre _____

Actividad de la clase

Escribe los números de 1 a 120 en columnas verticales.

1	11										
2											
10									100	120	

En la siguiente página Pon la página de lado y escribe los números de 1 a 120.

1	2								10
11									
									100
									120

Práctica adicional

Nombre _____

Sigue cada patrón dos veces más.

1. 1   2   3   _____   _____

2. 5   10   15   _____   _____

3. 10   20   30   _____   _____

4.

5.

6.

7. Dibuja un patrón que aumenta.

➡ **En la siguiente página** Resta los números.

$1 - 0 =$	$5 - 1 =$	$4 - 3 =$
$3 - 0 =$	$5 - 3 =$	$5 - 4 =$
$3 - 1 =$	$3 - 2 =$	$2 - 1 =$
$4 - 2 =$	$4 - 1 =$	$5 - 2 =$
$5 - 5 =$	$2 - 2 =$	$4 - 0 =$
$6 - 5 =$	$7 - 3 =$	$7 - 5 =$
$10 - 3 =$	$9 - 3 =$	$9 - 2 =$
$7 - 3 =$	$10 - 4 =$	$7 - 3 =$
$9 - 5 =$	$6 - 2 =$	$10 - 1 =$

Números hasta 120

Actividad de la clase

1 uno	2 dos	3 tres	4 cuatro	5 cinco
6 seis	7 siete	8 ocho	9 nueve	10 diez

Escribe cada número y los números en palabras.

1 uno	2			

Recorta las tarjetas con los números en palabras.

Halla la tarjeta con el número en palabras cuando lo escuches.

uno	dos	tres	cuatro	cinco
seis	siete	ocho	nueve	diez

Escribir números en palabras **373**

Escribir números en palabras

Actividad de la clase

1. Traza líneas para emparejar.

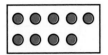 seis

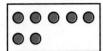 nueve

 diez

 ocho

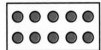 siete

2. Empareja cada número dos veces.

 cuatro

 cinco

 tres

 dos

 uno

3. Traza líneas para emparejar.

 diez

 seis

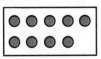 nueve

 siete

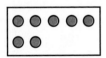 ocho

4. Empareja cada número dos veces.

 dos

 cinco

 tres

 uno

 cuatro

En la siguiente página Practica cómo escribir en palabras los números 1, 2, 3, 4 y 5.

Escribir números en palabras

Nombre

Actividad de la clase

1. **Cuenta salteado** de 10 en 10. Conecta los puntos en orden.

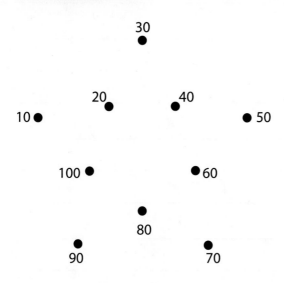

2. Cuenta salteado de 5 en 5. Conecta los puntos en orden.

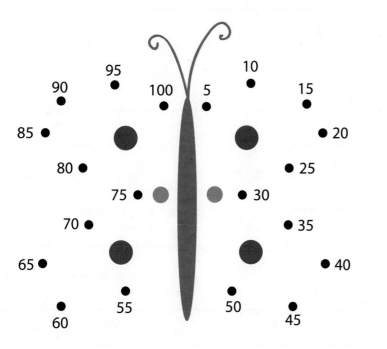

➡ **En la siguiente página** Cuenta salteado de 2 en 2.

Nombre

Diferentes maneras de contar

Examen de la unidad

Ejercicios 1 y 2. Escribe la letra y el valor para cada moneda.

| Moneda de 1 centavo = P   Moneda de 5 centavos = N   Moneda de 10 centavos = D |

_____   _____

_____   _____

Ejercicios 3 a 5. Usa fichas de una pulgada cuadrada para medir la longitud.
¿Cuántas pulgadas tiene?

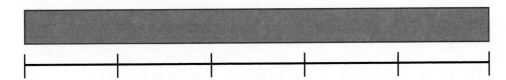

_____ pulgadas

_____ pulgadas

_____ pulgadas

Examen de la unidad

Ejercicios 6 a 8. Lee el reloj.

Escribe la hora en el reloj digital.

:
hora : minuto

:
hora : minuto

:
hora : minuto

Ejercicio 9. Encierra en un círculo el día que viene después del miércoles.

lunes   martes   jueves

Ejercicios 10 a 13. Usa tus cubos de un centímetro para medir la longitud.
¿Cuántos centímetros tiene?

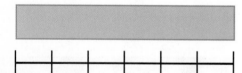

_____ centímetros

_____ centímetros

_____ centímetros

_____ centímetros

Examen de la unidad

Ejercicios 14 y 15. Escribe el número de centímetros.

Encierra en un círculo la hilera más larga.

_____ cm

_____ cm

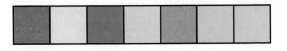

_____ cm

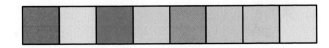

_____ cm

Ejercicios 16 y 17. Escribe el número de centímetros.

Encierra en un círculo la torre más baja.

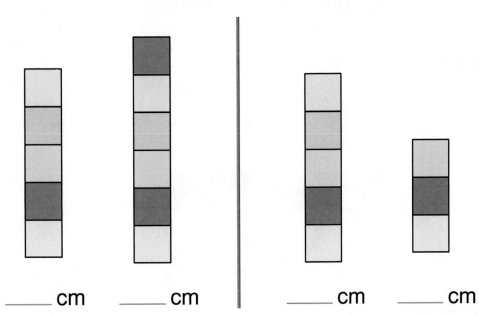

_____ cm   _____ cm   _____ cm   _____ cm

Nombre _____

Examen de la unidad

Ejercicio 18. Encierra en un círculo el objeto más pesado.
Traza una línea debajo del objeto más liviano.

Ejercicio 19. Encierra en un círculo el recipiente que contiene más.
Traza una línea debajo del recipiente que contiene menos.

Ejercicio 20. **Respuesta extendida.** Mira el rectángulo que se muestra.
Dibuja un rectángulo que sea más corto que el rectángulo de muestra.
Luego, dibuja un rectángulo que sea más largo.

Más corto

Más largo

Examen

Nombre _____

Actividad de la clase

Usa los **datos** de la **gráfica de dibujos** para responder las preguntas y **predecir**.

Galletas en el frasco	
Día 1	🍪 🍪 🍪 🍪 🍪 🍪 🍪
Día 2	🍪 🍪 🍪 🍪 🍪 🍪
Día 3	🍪 🍪 🍪 🍪 🍪
Día 4	🍪 🍪 🍪 🍪

🍪 **Significa 1 galleta**

1. Escribe el número de galletas que hay en el frasco cada día.

   Día 1 _____ Día 2 _____ Día 3 _____ Día 4 _____

2. Encierra en un círculo el día en el que hay la mayor cantidad de galletas.

   Día 1   Día 2   Día 3   Día 4

3. Encierra en un círculo el día en el que hay la menor cantidad de galletas.

   Día 1   Día 2   Día 3   Día 4

4. ¿Cuántas galletas predices que habrá el Día 5? _____

Actividad de la clase

Nombre _____

Usa los datos de las gráficas de dibujos para responder las preguntas.

	Color favorito de la Clase 1
Verde	☺ ☺ ☺ ☺
Rojo	☺ ☺ ☺
Azul	☺
Amarillo	☺ ☺

☺ **Significa 1 voto**

	Color favorito de la Clase 2
Verde	☺
Rojo	☺ ☺ ☺ ☺
Azul	☺ ☺
Amarillo	☺ ☺ ☺

☺ **Significa 1 voto**

1. Escribe el color que recibió la mayor cantidad de votos en cada clase.

   Clase 1 _____ Clase 2 _____

2. Escribe el color que recibió la menor cantidad de votos en la clase.

   Clase 1 _____ Clase 2 _____

3. ¿Recibió el rojo muchos votos en ambas clases? _____

4. ¿Recibió el verde muchos votos en ambas clases? _____

5. ¿Crees que el rojo podría ganar muchos votos en otra clase? Explica tu respuesta.

   _____

   _____

Explorar datos y tablas

Nombre _____

Actividad de la clase

Vocabulario
probable
poco probable
seguro

Encierra en un círculo **probable**, **poco probable** o **seguro**.

1. Que caiga en un animal.

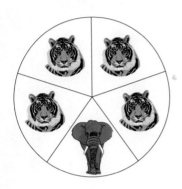

probable

poco probable

seguro

2. Que caiga en un elefante.

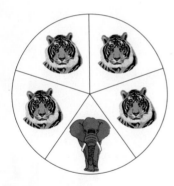

probable

poco probable

seguro

3. Que caiga en un tigre.

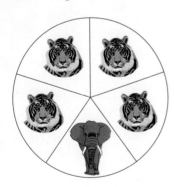

probable

poco probable

seguro

➡ **En la siguiente página** Dibuja 3 flechas giratorias. Muestra una para probable, una para poco probable y una para seguro de sacar un 1.

Explorar probabilidades